( Par Le Paige,

d'après Barbier

# RÉPONSE

*Au Jésuite Auteur de la LETTRE au sujet de la découverte de la conjuration formée contre le Roi de Portugal.*

Mon Révérend Pere,

Quoique vous n'ayez pas mis votre nom à la Lettre que vous avez fait imprimer pour justifier vos Confreres sur l'attentat de Lisbonne, vous n'y dissimulez pas votre caractere. Vous parlez très-souvent des Jésuites, *pag. 5, 6, 48,* comme faisant corps avec eux. C'en est assez pour m'autoriser à vous adresser, sous la qualité de Jésuite, la Réponse que je me propose de faire à la Lettre que vous venez de publier, & pour interpeller même avec vous vos Confreres lorsque le sujet le demandera. Quelque longue que soit votre Lettre, je la suivrai pié à pié ; mais en passant légérement sur les lieux communs, pour ne m'arrêter qu'à ce qui va proprement au fait.

A

Il faut vous donner acte d'abord de l'hommage que vous rendez à cette vérité capitale, que l'attentat contre la vie des Rois est de tous les crimes un des plus grands que les hommes puissent commettre. On ne la trouveroit pas établie dans beaucoup de vos Casuistes. Un grand nombre d'entre eux, tant anciens que nouveaux, la contredisent. Leurs textes, mis récemment sous les yeux du Public, sont assez connus pour n'avoir pas besoin d'être rappellés ici. Vous réprouvez leur doctrine : on doit vous en sçavoir gré. Mais qu'est-ce que l'opinion d'un Jésuite anonime contre celle de tant de Docteurs graves de sa Société qui se nomment ?

Je ne sais où vous avez pris que *la justice des Princes*, p. 1, *veut que les peuples soient instruits de la vérité de toutes les circonstances qui ont accompagné des conjurations aussi odieuses* que celle de Portugal. Je ne vois dans aucune histoire moderne que les Cours se soient cru obligées de publier les actes du procès instruit contre les auteurs d'une conjuration, ni même des rélations circonstanciées de ces événemens. Le Procès de l'infâme Damiens est le premier en ce genre qui ait été donné au Public ; & il ne l'a pas été *afin*, p. 2, *de ne laisser aucun doute à la postérité sur la réalité de pareils complots ;* mais plutôt, ce femble , pour diffuader les efprits que l'attentat du 5 Janvier 1757 , fût l'effet d'un complot & d'une conjuration. On n'a publié dans le tems aucune rélation authentique des affaffinats commis contre Henri III. & Henri IV., par Jacques Clément , Barriere , Jean Châtel & Ravaillac. Vous voulez vous-même , *p. 53* , que la mort d'Henri IV. demeure couverte *d'un voile impénétrable :* pourquoi donc dites-vous que *la juftice des Princes veut que les peuples foient inftruits de la vérité de toutes les circonftances qui ont accompagné des conjurations auffi odieufes ?* Croyez-moi , mon Révérend Pere , n'infiftez pas fur cette régle : l'ufage vous en feroit funefte.

Vous parlez plus fenfément , lorfque vous dites , *p. 3* , qu'*on ne fauroit apporter trop de précaution dans la découverte de ces fortes de complots.* Vous admirez la fageffe & la prudence du Roi de Portugal & de fon Confeil dans la découverte de celui qui a éclaté par l'attentat du 3 Septembre , & vous en concluez que *ceux* , *p. 4* , *qui font innocens , ne doivent pas appréhender d'être enveloppés avec les coupables.* Les éloges que vous donnez au Prince & à fon Confeil , & la conféquence que vous en tirez , font également juftes.

Mais à quoi penfiez-vous , M. R. P. ,

en écrivant les lignes fuivantes : « Lorfque
» je parle, *pag. 4*, d'innocens, vous
» comprenez, Monfieur, que je veux
» parler des Révérends Peres Jéfuites, qui
» fe trouvent malheureufement impliqués
» dans cette affaire ». Celui à qui vous
écriviez, étoit-il donc fi étranger dans le
monde, qu'il n'eût point lu la Sentence
de Lisbonne du 12 Janvier dernier ? S'il
l'avoit lue, ou s'il en avoit feulement en-
tendu parler, comment pouvoit-il fe faire
que fous le nom d'*innocens*, il comprît
d'avance que vous vouliez parler des Jéfuites ; & non pas feulement des Jéfuites
en général, mais même de ceux de ces
Peres *qui fe trouvent impliqués dans cette
affaire* ? Quoi ! Du premier mot vous les
déclarez *innocens*, & vous fuppofez que le
Lecteur le comprend, avant même qu'on le
lui dife, lorfqu'il réfulte de tous les Actes
du procès & de prefque tous les articles
de la Sentence, que *le Régime de ces Religieux s'eft établi l'un des trois principaux
chefs de cette abominable conjuration !* C'eft
ainfi que s'exprime le Roi de Portugal
lui-même dans fes Lettres du 19 Janvier.
Vous le favez. Toute l'Europe le fait auffi.
Et vous dites qu'en parlant d'innocens,
on comprend que c'eft des Jéfuites que
vous voulez parler ! Je laiffe aux Lecteurs
à caractérifer ce trait.

Ce qui fuit immédiatement dans votre Lettre, forme une contradiction caractérifée avec ce qui précéde. *Ceux d'entre-eux*, dites-vous, *qui fe trouveront coupables, doivent être punis dans toute la rigueur des Loix.* Vous fuppofez donc qu'il s'en trouvera de coupables. Et dans la phrafe précédente vous les donniez pour innocens avec une telle affurance, que vous prétendiez que la penfée des Lecteurs vous avoit même prévenu à cet égard, dès que vous aviez prononcé ce mot d'*innocens*. Dira-t-on que, quand vous fuppofez des Jéfuites coupables, vous entendez faire une fuppofition *de impoffibili ?* Si cela étoit, vous vous feriez énoncé moins crûment, & vous n'auriez pas ajouté en termes fi abfolus : *Nous applaudirons à leur fupplice.*

L'embarras qui regne dans votre langage, vient de deux confidérations qui fe combattent. Vous avez entrepris de décharger généralement les Jéfuites de toute complicité dans l'attentat. C'eft ce qui vous fait prendre un ton ferme, quand vous voulez attefter leur innocence. Mais tout le tiffu de la Sentence de Lisbonne vous laiffe au fond de l'ame, des craintes fur l'innocence réelle & fur le fort futur de ceux qui font en prifon. C'eft ce qui vous a déterminé à vous ménager une porte de derriere pour fauver le corps de la So-

ciété, en abandonnant comme membres
pourris, ceux que tous vos efforts n'auroient pu souftraire au châtiment.

*Nous applaudirons*, dites - vous, *à leur
supplice*. Cet air d'équité que vous affectez
en plusieurs endroits, semble bien n'être
destiné qu'à tromper vos Lecteurs. La
preuve en eft que vous le démentez plus
souvent encore que vous ne le montrez.
Quelle équité y a-t-il en effet à reconnoî-
tre que vos Confreres doivent être punis,
s'ils font coupables de parricide & de haute
trahison, pendant que malgré la conviction qui en a été acquise, vous conteftez la
réalité de leur crime fous les pretextes les
moins spécieux ; pendant que vous accu-
fez ainfi de prévarication les Juges qui les
ont déclarés criminels ; pendant que vous
hazardez cette accufation qui retombe fur
le Roi même, fans pouvoir l'appuyer d'aucun ombre de preuves ? L'équité ne con-
fifte point à condanner le crime en général, mais à le condanner dans ceux qui le
commettent ; à fe rendre aux preuves lé-
gales qui le conftatent ; à respecter la décifion de Juges irreprochables qui le décla-
rent prouvé. Votre Lettre d'un bout à l'autre eft un violement indécent de toutes ces
règles. Il ne faut que la lire, même fans
commentaire, pour s'en convaincre.

Mais arrêtons - nous ici fur la furprife

que vous témoignez, *p.* 5, du déchaînement qui s'eſt élevé contre votre Société
à la lecture du Jugement de Lisbonne.
Cette ſurpriſe, ſelon toute apparence, eſt
feinte. Car en liſant vous-même la Sentence du 12 Janvier, il n'eſt pas poſſible
que vous n'ayez ſenti que ce qu'elle contient à la charge de vos Confreres, devoit
exciter de toutes parts un cri d'indignation contre eux. Qui peut en effet n'être
pas ému, en y voyant vos Peres « faire
» avec le Duc d'Aveiro de communes dé-
» libérations dont le réſultat étoit que
» l'unique moyen par lequel on pouvoit
» parvenir à changer le gouvernement,..
» étoit de complotter la mort du Roi ;
» promettre à ce Duc une avantageuſe
» indemnité pour l'exécution de cet infer-
» nal parricide ; décider que le Parricide
» qui tueroit Sa Majeſté, ne feroit pas
» même coupable d'un péché véniel ; tra-
» vailler à faire entrer dans cette conjura-
» tion la Marquiſe de Tavora ; ſe ſervir
» de cette Dame pour attirer ſa famille
» ſous leur direction, & en ſéduire les dif-
» férens membres par leurs déciſions &
» leurs déteſtables enſeignemens ? » Peut-
on voir ſans émotion de pareils horreurs ?

Si la publication de la Sentence a été
ſuivie de nouvelles peu flatteuſes pour vous,
mais intéreſſantes pour le Public, rien en

cela ne doit étonner. Vous n'ignorez pas combien les grands événemens excitent la curiofité des hommes, & avec quel goût ils recueillent toutes les anecdotes qui y ont du rapport. Il y en a eu de hazardées parmi celles qu'on a débitées; mais c'eft chofe trop commune & trop excufable pour s'en plaindte férieufement. Pour moi, je laiffe volontiers ces nouvelles pour ce qu'elles font. Je m'en tiens à la Sentence du 12 Janvier, à la Lettre circulaire du Roi adreffée le 16 à tous les Evêques de fon Royaume, au Manifefte qui accompagne cette Lettre, à l'Ordonnance enfin ou Lettres Royales du 19. Ce font-là des pièces authentiques & d'une autorité irréfragable. Elles font accablantes pour vous. C'eft de l'impreffion qui en réfulte, non feulement contre vos Peres Malagrida, Matos, Alexandre & autres qui font entrés directement dans la conjuration; mais encore contre la Société entiere, que vous auriez à vous défendre, s'il étoit poffible d'y réuffir. Vous le tentez. Mais que vos efforts font vains!

*Les Jéfuites*, dites-vous, *page 6*, *accufés d'avoir trempé dans ce complot, ne paroiffent pas encore convaincus.* Y penfez-vous, mon Révérend Pére? Quoi! Le Roi de Portugal écrivant aux Evêques de fon Royaume & leur envoyant une copie de la Sentence

du 12 Janvier , dit " qu'ils y verront que
» le Régime corrompu des Religieux de la
» Compagnie de Jéfus s'eft rendu, non
» feulement complice, mais encore chef
» principal des énormes crimes de léze-
» Majefté au premier chef, de haute tra-
» hifon & de parricide *qui ont été jugés*
» par ladite Sentence ; » & vous dites qu'ils
ne paroiffent pas encore convaincus ! Qui
êtes-vous donc pour démentir auffi éffronté-
ment un Roi, & un Roi parlant à tous les
Evêques de fon Royaume ?

Mais fur quoi fondez-vous un démenti
fi formel & fi indécent ? C'eft qu'*il y a lieu*
*de croire*, felon vous, *p. 6, que fi les Jéfuites*
*avoient été convaincus , ils auroient été réunis*
*dans le fupplice avec les autres conjurés.* Foi-
ble préfomption, que vous détruifez vous-
même , *Ibid.* en ajoûtant, que *peut-être le*
*Confeil de Sa Majefté auroit jugé à propos de*
*fufpendre pour quelque tems leur punition.*

Pour moi, je vais plus loin, & je fou-
tiens que, quand des confidérations, de
quelque genre qu'elles foient, épargne-
roient aux Jéfuites prifonniers à Lisbonne
le dernier fupplice, ils n'en demeureroient
pas moins convaincus , non feulement d'a-
voir trempé dans le complot, mais encore
d'en avoir été les chefs principaux. La Sentence le déclare en dix endroits. Elle eft
donnée fur le vû des actes de la procédure,

fur la confeffion de la plus grande partie des coupables, & fur les autres pièces jointes au procès. Le premier article de cette Sentence commence par ces mots tranchans & décififs : Il eft pleinement prouvé : *Plenamente fe provado.* Tous les articles fuivans commencent par ces mots : Il eft encore démontré : *Moftra fe mais.* Ce font les expreffions de ftyle pour déclarer la conviction des coupables. Il n'y en a point de plus fortes dans la Sentence contre le Duc d'Aveiro & les autres criminels qu'elle condamne. Les termes qu'elle emploie quand il s'agit de la part qu'ont eu vos Péres à l'attentat, font les mêmes dont elle ufe pour caractérifer celle des autres chefs & complices qui ont été fuppliciés. Direz-vous que le terme de conviction n'y eft pas ? Je répondrai, 1.° qu'il n'eft pas fans doute de ftyle en Portugal comme en France, puifqu'il n'eft pas employé à l'égard des fuppliciés ; 2.° qu'il eft fuffifamment fuppléé par des termes finonimes ; 3.° que fi vous le croyez effentiel & feul décifif, vous le trouverez appliqué à vos Peres dans le Manifefte adreffé par le Roi à tous les Evêques de fon Royaume : « Maintenant, y eft-il dit, par ce procès » ils fe trouvent pleinement & manifefte-» ment *convaincus* de leurs abominables » forfaits. » *De pois haverem fido CONVE-*

*NEIDOS daquelles abominaveis crimes tao matoria e manifestamente pelo dito processo.* Et de quels forfaits ? « D'avoir conseillé, » tramé, comploté & fait exécuter le parricide du 3 Septembre. » *A conselharao, contra tanao e promoverao aquelle horrorozissimo insulto de 3 de Setembro.* Page 32 de l'édition de Lisbonne.

Après des déclarations si précises, si répétées & si solennelles du crime de vos Péres, l'impunité, s'ils l'obtenoient, ne sauroit jamais être qu'une grace, & une grace très-étonnante, quand même vous réussiriez à lui faire donner un autre nom, & jamais elle ne les laveroit de la tache infâmante qu'ont imprimé sur eux la Sentence du 12 Janvier, la Lettre & le Manifeste du 16, & enfin l'Ordonnance ou Lettres Royales du 19.

Vous êtes plus excusable quand vous essayez de décharger le corps de la Société de la honte qui réjaillit sur elle de cet événement. Les lieux communs viennent ici à votre secours. Mais leur application est souvent fautive. Ainsi, quoiqu'il soit vrai que *les forfaits de quelques scélérats* qui peuvent se trouver dans des Compagnies nombreuses, *ne doivent pas imprimer sur tout le corps une marque d'infamie,* cette maxime générale ne peut vous servir de rien dans le cas présent. Vous convenez » *p. 7*, que presque tout le Public a voulu rendre les Jésuites en général responsables de cette conjuration. Croyez-vous que ce soit précisément parce que les Peres Malagrida, Matos, Alexandre & autres complices font de votre Société ? Vous vous tromperiez fort. Deux choses ont formé & justifient cette impression publique. La première est le concours de plusieurs circonstances de cet événement qui font à la charge des chefs de la Société, & par conséquent de la Société entiere. Vous les trouverez déduites dans la brochure intitulée, *Réflexions sur l'attentat commis le 3 Septemb.*, *&c.* Ecrit qui a paru plus d'un mois avant la publication de votre Lettre, & qui ne devoit pas vous être inconnu, dès que vous vouliez entreprendre la défense de votre Compagnie. La seconde chose qui a formé l'impression dont vous vous plaignez, c'est la licence & la corruption de votre morale. Car on a droit de présumer, indépendamment de toute preuve, que vous êtes capables de faire ce que vous croyez légitime.

Quand vous dites, *p. 1*, que l'attentat contre la vie des Rois est le plus grand de tous les crimes, vous n'êtes qu'un anonime sans conséquence. Mais vos Théologiens sans nombre qui enseignent le contraire, & dont les leçons sanguinaires font décorées du titre de décisions théologiques &

morales, votre P. Busembaum, son commentateur Lacroix, vos Journalistes de Trévoux qui en ont fait les éloges, votre P. Zacchéria qui en a pris la défense, & qui avertit que les désaveux récens des Jésuites de France sont des actes forcés, qui ne préjudicient point à l'attachement universel de la Société pour la doctrine de ce Busembaum; votre Pere de Dessus-le-pont qui n'a point craint de se déclarer pour ce misérable Théologien, après en avoir lui même réprouvé la doctrine devant le Parlement de Bretagne: ce sont-là autant de témoins irréprochables qui déposent, sans qu'il soit possible d'en douter, que la doctrine qui permet d'attenter à la vie des Rois, même pour un intérêt temporel, est la doctrine propre & universelle de votre Société. On a vû récemment entre les mains de vos partisans une Lettre clandestine de quelqu'un de vos Confréres, où, parlant avec cette liberté de cœur dont on use avec des amis, il traite le Duc d'Aveiro d'*illustre infortuné*, excuse son attentat par une prétendue raison d'honneur, & met en problême *s'il a été permis ou non* à ce Duc d'en venir jusqu'à tuer son Roi.

Cet article de votre doctrine est sans doute le dernier terme des excès de la Société en matiere de morale. Mais ses autres écarts, pour ne pas égaler celui-là,

ne perdent rien de leur turpitude. Je ne
fors point de mon fujet en les rappellant,
puifque vous en parlez vous-même pour
vous en juftifier. Le Roi de Portugal, dans
le Manifefte qu'il a adreffé aux Evêques
de fon Royaume, vient de produire un
échantillon de vos maximes, qui eût fait
rougir tout autre que des Jéfuites. Pour
vous, mon Pere, vous aimez mieux payer
d'effronterie. *Nous fommes les premiers,* dites-vous, *p.* 48, *à détefter & à profcrire ces
maximes pernicieufes.* On diroit que vous
écrivez pour le Monomotapa. Car en Europe le contraire eft, non feulement d'une
notoriété publique, mais encore prouvé par
des actes authentiques. En remontant jufqu'au fiècle dernier, je vous demanderois
fi, lorfque M. Pafcal dévoila aux yeux du
Royaume votre morale corrompue, vos devanciers furent les premiers à la détefter &
à la profcrire ; s'ils ne furent pas prévenus
par les plaintes du Clergé du fecond ordre
& par les cenfures des Evêques ; fi au contraire, bien loin de déférer à ces cenfures,
ils ne publierent pas des apologies de cette
morale, mais des apologies fi infâmes elles-
mêmes, qu'elles furent également flétries par
les Evêques & par le S. Siège. Defcendons
à nos tems. Avez-vous été les premiers à
détefter & à profcrire les relâchemens in-
croyables du P. Pichon ? Avez-vous été les

premiers à déteſter & à proſcrire les erreurs de tout genre répandues dans la ſeconde partie de l'Hiſtoire du Peuple de Dieu par votre Pere Berruyer ? Avez - vous été les premiers à déteſter & à proſcrire les maximes pernicieuſes de votre Buſembaum & de ſes nouveaux commentateurs & éditeurs ? N'avez-vous pas été prévenus dans ces trois occaſions par nos Evêques & par nos Magiſtrats ? Ne ſont-ce pas leurs plaintes qui vous ont arraché ces déclarations tardives & de pure cérémonie, par leſquelles vous déſavouez les excès de ces Auteurs : déclarations accordées, moins à la force de la vérité, moins même à l'indignation publique, qu'à l'appréhenſion d'être mis en cauſe : ou au deſir de ménager auprès de vos protecteurs un crédit que vous voyiez s'ébranler ? Ce n'eſt point ici une conjecture : les faits le diſoient aſſez : mais votre Pere Zacchéria nous l'a expreſſément confirmé. Et vous oſez dire que vous êtes les premiers à déteſter & à proſcrire ces maximes pernicieuſes ! Lorſque vous avancez un fait ſi notoirement faux, comment votre plume n'a-t-elle pas refuſé ſon miniſtere à une impudence qu'il étoit ſi aiſé de confondre ?

Vous ajoûtez, *page 48*, que toutes les maximes qu'on a reprochées aux Jéſuites, ont été enſeignées par des auteurs des autres

Ordres Réligieux avant & après l'établisse-
ment de votre Société. C'eſt beaucoup que
de dire *toutes*. Il faudroit avoir lû des bi-
bliotheques pour pouvoir vous démentir
ſur ce fait, & mon érudition ne va point
encore juſques-là. Mais les autres Ordres
Réligieux ont abandonné univerſellement
ces maximes, après qu'elles ont été cenſu-
rées par le S. Siége & par les Evêques; & ſi
quelques particuliers en ont depuis enſei-
gné quelqu'une, c'eſt contre la doctrine
commune de leur Ordre. Jamais, comme
dans votre Société, les Supérieurs n'ont
pris la défenſe ou la protection dès délin-
quans : jamais les écarts de ces particuliers
ne ſont devenus des affaires d'Etat, comme
le diſoit M. de Saint Pons, Prélat d'ailleurs
de vos amis, à l'occaſion de vos intrigues
én faveur du Pichoniſme.

C'eſt la conſidération de ces maximes
pernicieuſes & de l'uſage que votre politique en ſait faire, qui donne à l'événement
de Lisbonne un degré d'importance qu'il
n'auroit point, s'il n'avoit eu pour auteurs
que le Duc d'Aveiro, & la maiſon de Tavora. Tel eſt auſſi le motif de l'attention
qu'a eu le Roi de Portugal d'y intéreſſer
toute la Chrétienté, par la publication, ſoit
de la Sentence rendue contre les criminels,
ſoit du Manifeſte où ſont expoſées les
*erreurs impies & ſéditieuſes* enſeignées par

vos Peres. Vous paroiſſez ſurpris de ce procédé. Vous obſervez, *p.* 46, que « les » Princes ne répandent des Manifeſtes que » pour faire connoître aux autres Poten- » tats le ſujet des guerres qu'ils entrepren- » nent, la juſtice de la cauſe qu'ils défen- » dent, & la régularité de leur conduite. » Mais que dans leurs affaires particulieres, » ils ne ſont pas obligés de rendre compte » de leurs actions. » Tout cela eſt vrai. Pourquoi donc le Roi de Portugal occupe-t-il l'Europe de l'attentat commis contre ſa vie ? Pourquoi n'a-t-il pas borné ſes ſoins à en découvrir & en punir les auteurs ? Pourquoi publier un recueil des erreurs an-ciennes de votre Société ſur le droit de diffamer ſes adverſaires, même par la ca-lomnie, ſur le menſonge & le parjure, ſur l'homicide, & notamment ſur le meur-tre des Rois ? Faut-il vous le dire ? C'eſt parce que le forfait dont il s'agit n'eſt pas un acte ſans conſéquence de quelques par-ticuliers iſolés, mais le fruit naturel des principes & du ſyſtème de votre Société, c'eſt-à-dire d'un corps d'hommes répandu dans tous les Etats Catholiques, animés par-tout du même eſprit, dont la doctrine ſé-ditieuſe attaque la ſûreté de tous les Prin-ces, & dont l'artifice cache ſous les dehors les plus doux & les plus modeſtes un cœur conſciencieuſement barbare & ſanguinaire, »

un mépris audacieux de toute fouveraineté.
Il falloit en convaincre toutes les Cours,
l'intérêt commun des Rois l'exigeoit. Il
falloit en inftruire tous les peuples Catholiques, l'intérêt de la Religion l'exigeoit
également. Il falloit, en le publiant par
tout, ruiner par tout, s'il étoit poffible,
votre crédit. L'intérêt perfonnel du Roi de
Portugal l'exigeoit encore. Car fi votre
Société demeure accréditée dans les autres
Etats, ce Prince n'eft point en fûreté dans
le fien, & il faudra tôt ou tard qu'il cede
à vos intrigues & qu'il s'afferviffe à votre
ambition, ou qu'il fuccombe fous vos
coups. Ceffez donc d'être furpris de l'éclat
que le Confeil de Sa Majefté Très - Fidéle
a donné à l'événement du 3 Septembre
1758. Toutes fortes de motifs le juftifient.
Il a d'ailleurs été dirigé par cette Provi-
dence à laquelle rien ne fe fouftrait, & qui
a voulu que votre turpitude fût dévoilée
aux yeux de ceux mêmes que vous fédui-
fiez depuis fi long-tems. Quel malheur, fi
le dernier trait de votre perverfité ne fuf-
fifoit pas encore pour diffiper l'enchante-
ment formé par votre hypocrifie !

Envain, pour écarter l'impreffion qui
naît des maximes de votre Société recueillies dans le Manifefte, en concluez-vous,
*p. 47*, que « l'auteur fe défie de la réalité
» des accufations intentées contre les Jé-

» fuites, puifqu'il va chercher des preu-
» ves fi reculées pour les en convaincre. »
Cette induction eft mal tirée. L'auteur
n'apporte point vos maximes en preuve
de la part que vos Peres ont prife à l'attentat. Il fait & il confirme que par la procédure *il eft juftifié.... que les Jéfuites décidoient que le Parricide qui tueroit le Roi,
ne feroit pas même coupable d'un péché véniel:.. qu'ils ont féduit, & attiré dans cette
conjuration* plufieurs des complices, *par
leurs décifions & leurs déteftables enfeigne-
mens.* Voilà les faits dont *ils font convaincus* & dont la preuve eft au procès. Le
recueil de vos erreurs impies & féditieufes a une autre deftination. C'eft de montrer les principes & le genre d'autorités
fur lefquels *ces décifions & ces déteftables en-
feignemens* étoient fondés. Vous cherchez
donc à nous donner le change, en nous
préfentant ce recueil comme un fupplément au défaut de preuves convaincantes de la complicité de vos Confreres, &
fupplément infuffifant, puifque les auteurs
qu'on y cite, font antérieurs à l'attentat.
Ils le font fans doute. Mais leurs fuccef-
feurs ont adopté leurs principes & les ont
mis en pratique dans cette occafion. Cela
eft *prouvé, juftifié, démontré* dans la procédure. Ils en font *convaincus.* Toute votre
rhétorique ne détruira pas cette convic-

tion. Elle n'affoiblira pas non plus l'impreffion qui réfulte du Manifefte, & qui
vous convainc que la doctrine régicide
de vos devanciers eft enccore aujourd'hui
la doctrine conftante de votre Société,
laquelle n'a jamais abandonné fincére-
ment ni cette article, ni aucun autre de
votre morale corrompue.

Je ne quitterai point ce fujet fans relever la note que vous avez mife au bas
de la page 49. Vous y rapportez contre
les Lettres Provinciales un trait de Voltaire, *qui*, felon votre jugement, *eft écrit
avec autant de bon fens que d'impartialité.*
Pour en mieux perfuader les Lecteurs,
vous obfervez qu'on n'accufera furement
pas ce Poëte de prévention en faveur des
Jéfuites. J'obferve à mon tour qu'il a fuffi
que Voltaire ait jetté une pierre contre
M. Pafcal, pour mériter vos éloges. Mais
n'avez-vous pas remarqué dans la lecture
de l'hiftoire dont vous avez pris cet extrait,
que c'eft prefque uniquement fur les gens
de mérite que tombent les fatires dont fon
auteur l'a parfemée ; qu'il a pris à tâche
d'y rabaiffer tous les grands hommes en
tout genre ; moins pour avilir l'humanité,
objet d'ailleurs qui n'eft pas indifférent à
un Philofophe de fa trempe, que pour
s'élever lui-même & faire parade de fon
difcernement, de la fupériorité d'efprit

qu'il s'attribue, & d'une perspicacité qui lui fait trouver des défauts dans les talens & les vertus de tous les autres ? Car qui l'étudiera bien dans les productions dont il inonde & surcharge le Public, verra combien il est à lui-même sa propre idole; & qu'il écrit moins, soit en prose soit en vers, pour instruire les hommes, que pour les occuper de lui, & exciter en eux pour ses talens l'admiration dont il est épris lui-même. Le jugement d'un tel homme contre M. Pascal est absolument sans conséquence. M. Pascal étoit un homme qui joignoit à un génie supérieur une solide piété. Il avoit d'ailleurs écrit pour la Religion contre les Incrédules. A ces trois titres il devoit être en butte aux traits de Voltaire. Voulez-vous une preuve qu'il a parlé au hazard des Provinciales, & uniquement pour avoir le plaisir malin de critiquer ce grand homme ? La voici : *On attribuoit adroitement*, dit-il, *à toute la Société des opinions extravagantes de quelques Jésuites Espagnols & Flamands*. Il ne faut qu'ouvrir les Provinciales pour y trouver à chaque pas des Jésuites François imbus des mêmes maximes que leurs Confreres étrangers, & aussi antichés de la probabilité, source universelle de toute sorte d'égarement en matiere de morale. Laissez donc là votre M. Voltaire, mon Révérend

Pere ; il eſt plus honorable de l'avoir pour cenſeur, que pour apologiſte, fur-tout dans les matieres qui de près ou de loin intéreſſent la Religion.

Je reviens à votre Lettre. Les efforts que vous y faites pour laver votre Société de l'opprobre qu'a jetté fur elle de-puis cent ans la morale corrompue dont elle fait profeſſion, ne font propres qu'à accroître ſa honte, en donnant lieu de mettre fous les yeux du Public les preuves toujours nouvelles de fon attachement opiniâtre à la doctrine perverſe qu'elle a une fois foutenue. Vous venez de l'éprou-ver par rapport aux maximes qui intéreſ-fent la fûreté des Rois. Il demeure prouvé que votre Société ne les a jamais aban-données, & qu'elle croit aujourd'hui com-me autre fois qu'il eſt permis à un Sujet d'attenter à la vie de fon Prince, ne fût-ce que pour la conſervation d'un doigt de ſa main, & par conféquent pour tout intérêt équivalent. Or vous aviez, tout le monde le fait, un très-grand intérêt à la mort du Roi de Portugal. C'eſt dans ces circonſtances qu'il a été aſſaſſiné, par l'ef-fet d'une conſpiration dans laquelle le Ré-gime de vos Peres eſt entré comme un des chefs principaux. Quel titre plus dé-ciſif pour attribuer à un Corps une action d'éclat de quelques-uns de ſes membres, que lorsque cette action est faite selon les principes du Corps , pour l'intérêt du Corps & par l'impression de ses Supérieurs ? Or tel est votre cas dans l'affaire de Lisbonne. On l'a démontré , & le jugement du Public avoit prévenu la démonstration. De là ce déchaînement universel dont vous vous plaignez & qui semble vous étonner, mais qui sûrement vous fatigue plus qu'il ne vous étonne.

Je ne sais au reste pourquoi vous taxez, *page 7* , de *faux préjugé* cette disposition *commune qui nous fait regarder comme déshonorées , les Familles ou les Sociétés auxquelles sont atttachés ceux qui ont mérité de subir les rigueurs de la Justice.* Il ne seroit peut-être pas difficile de montrer que ce sentiment, renfermé dans certaines bornes, est juste, raisonnable, & même fondé sur les Livres Saints. Mais ne fût-il qu'un préjugé , il est respectable par l'horreur du crime qui semble en être le principe. Il est utile , parce qu'il oblige les chefs des Familles ou des Compagnies de veiller avec plus de soin sur leurs inférieurs, pour ne pas partager la honte des écarts où quelques-uns d'entre eux pourroient tomber. Pourquoi donc voudriez-vous que nous nous défissions de ce préjugé ? Ne seroit-ce pas par intérêt , & parce que les excès trop multipliés de plusieurs de vos Confreres impriment fur toute votre Compagnie une tache dont vous voudriez la laver ? Vous n'y réuffirez point , & vos efforts à cet égard feront à peu près auffi inutiles , que ceux que vous faites pour juftifier en particulier vos Peres Portugais condamnés par la Sentence de Lisbonne.

Vous dites , *p. 7*, que « les perfonnes » fenfées , & même plufieurs de celles qui » font le plus oppofées aux Jéfuites , ont » reconnu qu'il n'y avoit encore dans le » Jugement aucune conviction contre » eux. » Quelles font donc ces perfonnes? La fiction les multiplie aifément , fur-tout lorfque l'intérêt eft de la partie. Pour moi , je vous ai fait voir que vos Peres étoient déclarés coupables dans les mêmes termes précifément que le Duc d'Aveiro & les autres fuppliciés. Je vous ai montré de plus que le terme de *conviction* , fur lequel vous infif-tez comme feul décifif, leur étoit perfon-nellement appliqué dans le Manifefte joint à la Lettre circulaire écrite aux Evêques le 16 Janvier. Quelles preuves oppoferez-vous ?

En matiere criminelle les moyens de dé-fenfe que peuvent employer les accufés ou leurs apologiftes, font déterminés par les Loix & par les Ordonnances. Ils confiftent dans de juftes reproches contre les té-moins, dans des motifs légitimes de récufa-tion

tion par rapport aux Juges, dàns des preuves convaincantes qui détruiroient l'exiftence réelle du corps de délit, ou qui éta-
bliroient l'*alibi* des accufés. Tout ce qui
n'eft que poffibilités, conjectures & raifon-
nemens, eft réprouvé comme futile & illufoire. La juftice & la néceffité de ces
regles fe font fentir d'elles-mêmes. C'eft
par elles qu'il faut juger des défenfes que
vous produifez en faveur de vos Confreres.

« Si les maifons des Jéfuites, dites-vous,
» font invefties, s'ils font gardés à vûe, fi
» on ne les laiffe parler à perfonne, ce
» n'eft pas une marque de conviction. »
Qui en doute ? Auffi n'eft-ce pas fur cela
que le Public croit le Régime des Jéfuites
convaincu d'être non feulement complice,
mais encore chef principal de l'attentat du
3 Septembre. Il le croit fur le texte de
la Sentence qui le déclare. Il le croit encore fur la parole du Roi de Portugal,
qui le confirme dans fa Lettre aux Évê-
ques, dans le Manifefte qui y eft joint, &
dans fes Lettres Royales du 19 Janvier.

Vous prétendez que ce qui eft dit dans
le n.º 3 de la Sentence au fujet de la
réconciliation du Duc d'Aveiro avec vos
Peres, & des effets funeftes qui en font
réfultés, n'eft, *page 10*, qu'un *difcours*
vague & *une déclamation inutile, qui ne*

*fourniſſent pas des preuves que les Jéſuites ſoient coupables.* On pourroit vous pardonner cette licence, ſi vous raiſonniez ſur un Acte de dénonciation ou ſur une Requête en plainte. Ces ſortes de pièces conſiſtent en allégations qui précédent les preuves juridiques. Mais oubliez-vous qu'il s'agit ici d'une Sentence ? Et faut-il vous apprendre qu'une Sentence en matiere criminelle ne contient point les preuves des crimes qu'elle condanne, mais qu'elle conſiſte eſſentiellement à les déclarer prouvés par les Actes de la procédure ? C'eſt ce que fait en particulier celle du 12 Janvier, comme toutes les autres du même genre. Relever, comme vous le faites, qu'elle ne fournit pas de preuves, c'eſt heurter le ſens commun, & méconnoître les formalités les plus triviales.

Au moyen de cette obſervation, j'aurois droit de mépriſer tout ce que vous dites pour expliquer la réconciliation du Duc d'Aveiro avec les Jéſuites, & pour montrer qu'elle a pu être innocente de leur part. Mais il ne ſera pas inutile de vous rendre ſenſible le faux de vos raiſonnemens ſur ce point. A vous entendre, la réconciliation du Duc d'Aveiro avec les Jéſuites étoit choſe impoſſible, à moins que ce Seigneur n'ait pris le voile de l'hipocriſie pour leur en impoſer ſur ſa con-

duite. Dans ce cas même vous croyez que, *p. 13,* " les Jésuites se sont mis sur la dé-
» fiance, se sont tenus extérieurement
» avec lui dans une honnête réserve, &
» qu'ils n'ont eu aucune part à ses com-
» plots. » Je conviens avec vous qu'un scélérat demeurant tel ne peut se réconcilier avec un honnête homme dont il est l'ennemi, qu'en se couvrant du masque de l'hipocrisie. Mais il n'en est pas ainsi de deux ennemis aussi scélérats l'un que l'autre. Il leur suffit pour se réconcilier, jusqu'à devenir amis intimes, d'être animés d'une haine commune contre quelqu'un dont ils souhaitent la perte, quoique par des motifs ou des intérêts différens. Si cette haine devient leur passion dominante, & qu'ils aient lieu de se la découvrir l'un à l'autre, ils lui sacrifieront bientôt leurs antipathies personnelles, & ils s'uniront aisément contre celui qu'ils veulent perdre. Or tel est le cas du Duc d'Aveiro & de vos Peres de Portugal. Les Actes de la procédure le prouvent, la Sentence le déclare. Que font vos conjectures pour l'infirmer ?

Vous n'êtes pas plus heureux dans l'explication que vous donnez à la liaison de la Marquise de Tavora *p. 14,* avec votre Pere Gabriel Malagrida. Vous supposez qu'elle s'est mise sous sa direction, pour " se donner la réputation d'une Femme

» vertueuſe , & faire détourner les yeux
» de ſa conduite criminelle. » On pourroit le préſumer avec vous , ſi l'on ne
ſçavoit poſitivement le contraire. Et comment le ſçait-on ? Par la Sentence.

Vous demandez , *Ibid.*, ſi la Marquiſe
de Tavora a déclaré dans ſon interroga-
toire qu'elle ait engagé le Pere Malagrida
de s'aſſocier à cet horrible complot ; ſi
dans la confrontation elle l'a ſoutenu au
Pere Malagrida ; & vous convenez que ,
s'il a été convaincu , il doit être livré à
la Juſtice.

Je réponds à vos queſtions qu'elles ſont
mal propoſées , & qu'elles ne ſont pas
rélatives au prononcé du Jugement. Il ne
porte pas que la Marquiſe ait engagé le
Pere Malagrida dans le complot. Vos
Confreres Portugais , parmi leſquels le P.
Malagrida joue le principal rolle , ſont
déclarés chefs du complot , & la Marquiſe
l'eſt auſſi. Leur haine contre le Roi &
contre le gouvernement , quoique née de
cauſes fort diſparates , les a rapprochés
par une eſpéce de ſympathie , ou plutôt
par cette ſageſſe & cette prudence dia-
bolique , que les paſſions fortes ſavent ſi
bien mettre en œuvre pour parvenir à leurs
fins. Réunis ainſi dans le même projet ,
le Pere Malagrida & la Marquiſe ſe ſont
ſervis l'un de l'autre pour le faire réuſſir ,

par les moyens expofés dans la Sentence. « Comme il ne paroît pas jufqu'ici, dites-» vous, *p.* 15, que les preuves de ce » concert ayent été rapportées, on ne peut » s'empêcher de douter fortement que ce » Jéfuite foit complice ». Falloit-il donc pour prévenir votre doute, que les preuves que vous demandez fuffent rapportées dans la Sentence ? C'eft une abfurdité inconcevable, & qui n'eft jamais tombée dans l'efprit d'un homme fenfé. Citez-moi quelque Arrêt de mort qui contienne les preuves du forfait des condannés. En avez-vous trouvé quelqu'une dans l'Arrêt contre l'infâme Damiens ? Ne fe borne-t il pas, comme tout autre jugement de ce genre, à le déclarer coupable de l'affaffinat du 5 Janvier ? Où font donc, me répéterez-vous, les preuves du concert criminel dont on parle entre le Pere Malagrida & la Marquife ? A leur place, au Greffe du Tribunal de l'*Inconfidence.* C'eft là que vous les trouverez, parceque c'eft là uniquement qu'elles doivent être.

Vous épiloguez, *Ibid.* fur la note mife au bas de la page 9 du Jugement de Lisbonne, dans l'édition de Paris. Comme cette note n'eft point dans le Jugement tel qu'il a été publié en Portugal, je pourrois me difpenfer de répondre aux obfervations critiques que vous y oppofez.

B iij

Mais il faut vous fuivre par tout, & je dis d'abord qu'il eft affez indifférent que le Pere Malagrida ait été attiré exprès d'Italie pour jouer le perfonnage de Prophête, ou qu'étant déja à Lisbonne pour tel autre motif qu'il vous plaira, il foit entré dans le complot & qu'il y ait fait réellement ce perfonnage. Or la chofe n'eft pas douteufe. Relifez l'article 26 de la Sentence : vous y trouverez que vos Peres « débitoient en perfonne & par leurs
» adhérans jufqu'à la fin du mois d'Août
» dernier, que la vie de Sa Majefté ne
» feroit pas de longue durée ; que par
» tous les courriers ils donnoient avis dans
» tous les pays de l'Europe que le mois
» de Septembre feroit le dernier de cette
» augufte & très - précieufe vie ; qu'en
» même tems Gabriel Malagrida écrivoit
» à différentes perfonnes de cette Capitale
» ces affreufes prédictions avec un ton de
» Prophête ». Ce ne font pas là des allégations à vérifier & à conftater ; c'eft un prononcé de Juges fur un vû de piéces & fur des dépofitions de témoins.

Qu'avez vous à répondre, mon Révérend Pere. « Il paroît fort fingulier, dites-
» vous, *page* 15, qu'on eût fait venir
» exprès ce Jéfuite Italien, qui proba-
» blement connoiffoit peu la Cour de Por-
» tugal, & les intérêts différens des Sei-

,, gneurs Portugais , pour lui faire jouer ,, le perfonnage qu'on lui impute ,,. Un fait qu'on allégue , paroît fingulier : donc il eft faux. Plaifante façon de raifonner ! Prenez-vous vos Lecteurs pour des enfans ? Le Jéfuite Italièn connoiffoit peu la Cour de Portugal & les intérêts différens des Seigneurs Portugais. Mais fes Confreres Jean de Matos , Jean Alexandre & autres , ceux en particulier qui avoient été Confeffeurs de la Cour , n'étoient-ils pas bien en état de l'en inftruire.

Vous avez fenti vous-même la puérilité de votre obfervation & vous l'abandonnez. Mais vous y fubftituez une fuppofition qui n'eft pas plus fenfée. C'eft que, *p.* 15, " les ,, Conjurés aient voulu abufer de l'opinion ,, qu'on avoit de la fainteté de ce Jéfuite ,, en fe mettant fous fa conduite , pour ,, cacher leurs criminelles pratiques ; auquel ,, cas il ne feroit pas fi coupable qu'on ,, le dit , & il auroit pû lui-même être ,, trompé ,,. Cette fuppofition eft abfurde , parce que les Jéfuites étant difgraciés à la Cour de Portugal , qui pourfuivoit actuellement la réforme de ces Peres , les Conjurés qui n'auroient penfé qu'à cacher leurs criminelles pratiques n'auroient pas choifi un Directeur Jéfuite. Ils n'étoient pas affez imbécilles pour penfer que l'opinion de la prétendue fainteté du P. Malagrida fût un voile qui les couvrît aux yeux d'une Cour qui certainement ne regardoit pas les Jésuites comme des saints. Ils n'ignoroient pas qu'avoir des habitudes intimes avec vos Peres, c'étoit se rendre suspect. C'est pour cela que le Duc d'Aveiro recommandoit le secret à ses Domestiques sur les visites fréquentes que lui faisoient les Jésuites. Ce n'est donc pas par ruse & par artifice que les Conjurés se sont mis sous la direction du Pere Malagrida. Mais cette direction servoit à la formation du complot.

Au reste vous renversez l'ordre des choses : la plupart des complices de la conspiration n'y étoient point entrés avant que de se mettre sous la conduite du Pere Malagrida. C'est ce Jésuite qui a abusé de son ministere, pour les y engager : la Marquise de Tavora, par ses conseils & par les exhortations pathétiques contenues dans les lettres qu'elle en recevoit, persuadoit à sa famille de se mettre sous la direction de ce Jésuite, sans dire à ceux qu'elle lui envoyoit, quelles étoient leurs vues communes. Malagrida commençoit par s'assurer de leur confiance, avant que de les initier dans le Mystere. C'est lui & ses autres Confreres qui ont séduit ainsi le jeune Marquis de Tavora, Joseph-Marie de Tavora son frere, le Comte d'Atouguia

& fon époufe. Tel eft l'ordre des chofes, felon qu'il eft déclaré dans la Sentence & prouvé par les actes de la procédure. Jugez dès-lors fi Malagrida n'eft pas auffi coupable qu'on le dit, & s'il n'a été que trompé par les Conjurés.

Vous êtes honteux du perfonnage de Prophète, & par conféquent de faux Prophéte, qu'il joue dans cette fcène tragique ; & vous voudriez nous en faire douter par cela feul qu'il feroit abfurde de le croire. « Ce feroit, dites-vous, *page 16*, » avoir bien mauvaife opinion des Por- » tugais, d'imaginer qu'ils euffent été affez » imbécilles pour donner dans de pareils » piéges, & pour leur faire approuver une » conjuration qui auroit été faite contre » la perfonne du Prince. Ils font trop » inftruits pour croire que Dieu donne le » don de prophétie, afin d'induire les » hommes dans de pareils crimes ; & au- » cun des Conjurés ne paroît convaincu » d'être entré dans la confpiration, dans » la vue de contribuer à l'accompliffe- » ment de ces prétendues prophéties. »

Il eft aifé de donner aux faits une tournure qui les rende peu vraifemblables, quand on fe permet de les altérer & de les changer. C'eft ce que vous faites d'une maniere étrange fur cet article. La Sentence ne dit nulle part que ce foit à l'égard des

B v

Conjurés que Malagrida ait fait le perfonnage de Prophète, qu'il les ait engagés
par là dans la confpiration ; ni qu'ils aient
été convaincus d'y être entrés pour contribuer à l'accompliffement des prophéties. Celles de Malagrida étoient deftinées à préparer les efprits à la mort du
Roi, & à la faire regarder, quand elle
feroit arrivée, comme un coup du Ciel
révélé d'avance à un faint homme. Malagrida *écrivoit ces affreufes prédictions*, dit
la Sentence, *à diverfes perfonnes de Lif-
bonne, & les débitoit avec un ton de Prophéte*. Mais elle ne dit pas que ces perfonnes fuffent membres de la conjuration. Quand elle parle du perfonnage de
cet hypocrite vis-à-vis des Conjurés, elle
ne lui impute que des *décifions* & des *en-
feignemens déteftables*, & non des prophéties. Votre raifonnement eft donc fans
force, parce qu'il déguife le fait. Il ne
feroit pas neanmoins furprenant qu'après
avoir féduit les Conjurés par leurs leçons,
vos Peres les euffent encouragés à l'exécution du complot par une promeffe du
fuccès fondée fur quelque prétendue ré-
vélation faite à votre Prophète de théâtre.
Après tout, le perfonnage de Prophète at-
tribué au Pere Malagrida eft declaré prouvé par les Actes de la procédure. Il eft
également ridicule & indécent d'attaquer

par des conjectures & des raisonnemens , un Jugement si précis & si solennel.

Vous retombez dans la même faute par rapport au N°. 10, de la Sentence. Il porte qu'il y a preuve que , *p. 16* , « c'est par » sa belle-mere que le Marquis de Tavora » [ vous deviez dire le Comte d'Atou- » quia ] a été seduit au point de suivre » en tout & par tout les abominables sug- » gestions de cette femme , & les détesta- » bles enseignemens des Peres Jésuites , » qui lui étoient insinués par les Peres » Gabriel Malagrida , Jean de Matos , & » Jean Alexandre , & de concevoir une » grande aversion pour la personne royale » de S. M. ». *Si cela est prouvé* , ajoutez-vous , *il n'y a rien à répondre*. Taisez-vous donc , mon Révérend Pere : car le Juge-ment déclare que cela est prouvé , & que les preuves en sont dans les actes de la procédure. Or c'est là uniquement qu'elles doivent se trouver ; elles auroient été dé-placées dans la Sentence.

En vain exigez - vous , *p. 16* , qu'on mette de la différence entre ce criminel & vos Peres , parce qu'il a été mis à mort , & que vos Peres n'y sont pas condannés. N'est-il pas évident que la suspension du supplice ni même l'impunité ne fit jamais une preuve d'innocence , pour des crimi-nels qu'une sentence solennelle déclare atteints & convaincus de tel & tel Forfait? Or c'est le cas de vos Peres Portugais. Les textes de la Sentence qui regardent les suppliciés, ne font ni plus décififs ni plus énergiques, que ceux qui regardent Malagrida & fes Confreres.

Avant que de vous fuivre dans les réflexions que vous oppofez aux préfomptions de droit difcutées dans la Sentence, pourrois-je vous demander pourquoi vous avez paffé fous filence ce qu'on lit dans le N°. 4? Il y eft dit que « le Duc d'Aveiro » faifoit avec vos Confreres de communes » délibérations dont le réfultat étoit que » l'unique moyen par lequel on pouvoit » parvenir à changer le Gouvernement, » étoit de complotter la mort du Roi;...... » que les mêmes Religieux décidoient que » le Patricide qui tueroit fa Majefté. ne » feroit pas même coupable d'un péché » véniel. « Les N°. 9, 10, 11, ajoutent que « c'eft par ces décifions que le Mar- » quis Louis-Bernard de Tavora, le Com- » te d'Atougia & Jofeph - Marie de Ta- » vora furent feduits. » Un trait auffi capital méritoit bien de votre part quelques momens d'attention. Ce n'eft pas fans deffein que vous l'avez ômis. Vous ne vouliez pas arrêter vos Lecteurs fur une décifion qui s'accorde fi parfaitement avec les principes de votre Société fur le droit de tuer les Souverains, même pour de vils intérêts. Vous sçavez que c'est précisément ce qui révolte le plus les esprits contre elle. L'attentat en effet contre la vie du Roi de Portugal est un crime particulier; qui seroit suffisamment expié par le supplice de ceux qui y ont pris part. Mais la doctrine de votre Société sur le meurtre des Rois est un crime général, qui l'infectant toute entiere, & qui ne pouvant produire que des fruits amers dans tous les Etats, exige un remède général par la réforme ou la suppression de cette fatale Compagnie.

Il est vrai, car je ne veux rien dissimuler, que vous faites mention de cette décision à la page 60, de votre Lettre. Mais c'est après coup & par un hors d'œuvre. D'ailleurs tout ce que vous en dites, se reduit à demander comment on le sçait. Vous affectez de ne pas le croire, & vous fondez votre doute sur ce qu'il est dit dans le Manifeste, selon l'extrait que vous en donnez, « que les criminels se font tou- » jours tenus sur la négative avec l'opi- « niâtreté la plus inflexible, tant par rap- » port à eux-mêmes, que par rapport à » leurs autres complices. » C'est ici une pure, mais indigne supercherie. Pour donner une idée de votre adresse, je dois dire que vous n'avez fait que substituer dans le texte un article indéfini à un pronom démonstratif. La Sentence du 12 Janvier, dans l'extrait que cite le Manifeste, parle de deux criminels, François de Assis de Tavora & Don Jerome d'Ataïde. Ce font les feuls dont le Manifeste dit que *ces* criminels fe font toujours tenus fur la négative, &c. Cette expreffion fuppofe évidemment que les autres Conjurés ont été plus finceres : la Sentence l'annonce auffi textuellement, puifqu'elle porte qu'elle eft rendue *fur la confeffion de la plus grande partie des coupables*. Vous l'avez lû comme moi, mais vous le diffimulez : & par un menfonge bas & honteux, qui dès qu'il eft découvert décéle un mal-honnête homme, vous changez le texte pour lui faire dire que *LES criminels* en général fe font tenus fur la négative, lorfqu'il ne le dit déterminément que de deux. De pareils moyens de défenfe trahiroient feuls votre caufe, fi elle n'étoit d'ailleurs & à tous égards défefpérée.

Reprenons le fil de votre Lettre. Vous en étiez à examiner les préfomptions de droit alléguées contre vos Confreres dans la Sentence du 12 Janvier. Sur cet article vous vous étendez avec plus de complaifance, *p. 18*, parce qu'il eft vrai en général que des préfomptions, quelques multipliées qu'elles foient, ne font pas des

preuves. Mais fur quel fondement avan-
cez-vous, *p. 19*, " qu'il y a cette différe-
" rence entre les préfomptions qu'on avoit
" contre les autres conjurés, & celles
" qu'on a contre les Jéfuites, que les
" premieres ont été accompagnées de
" preuves fi convaincantes, qu'elles ne
" laiffoient pas le moindre doute fur la
" réalité du crime de ceux qui ont été
" punis, & que les fecondes font reftées
" dans l'état de fimples préfomptions. "
Vous le dites, mais vous n'alléguez rien
pour le prouver. Vous n'effayez pas même
de le faire. Il eft évident que vous n'avez
d'autre motif pour le prétendre, que la
différence qui fubfifte encore entre le fort
des uns & des autres. Mais cette preuve
ne conclut rien de votre propre aveu ;
puifque vous reconnoiffez vous - même,
*p. 6*, que le *Confeil de Sa Majefté* peut avoir
*jugé à propos de fufpendre pour quelque temps*
*la punition* d'une partie des coupables.

Vous paroiffez vous prévaloir auffi de ce
que les préfomptions font propofées comme venant à l'appui des preuves de fait.
" Il n'eft donc pas évidemment & phyfi-
" quement prouvé, dites-vous, *p. 27*, que
" les Jéfuites font coupables, puifqu'en
" vertu des préfomptions alléguées, on
" demande qu'ils donnent des preuves
" concluantes que d'autres qu'eux font

» coupables d'être les auteurs de l'atten-
» tat. » Ce feroit une chofe bien fingu-
liere, qu'une fimple inexactitude du rédacteur de la Sentence, qui aura mis à la
fuite des preuves ce qui devoit les précé-
der, devînt un motif fuffifant pour infirmer la Sentence toute entiere.

Il y a en effet dans la rédaction de la
Sentence un petit renverfement d'ordre
qui a été remarqué par les Lecteurs ver-
fés dans la procédure criminelle. Il con-
fifte en ce que les préfomptions font pla-
cés après le réfultat des preuves de Fait.
Il étoit naturel de commencer par les préfomptions. Ce font elles vraifemblablement
ou plutôt les Faits d'où elles naiffent, qui
ont fervi de premiers indices pour decou-
vrir la confpiration. Lorfqu'on vit le Roi
affaffiné, on dût porter les foupçons fur
ceux qu'on fçavoit être mécontens de la
Cour. Les recherches dûrent fe tourner
de ce côté-là, & conduire aux connoif-
fances & aux preuves de Fait qui font
conftatées dans la procédure. En fuivant
dans la Sentence la même marche qui a
été infailliblement fuivie dans la découverte de la confpiration, les préfomptions
y auroient paru avec toute leur force, &
les preuves de Fait s'y feroient préfentées avec l'indépendance qui leur con-
vient. Mais un défaut qui n'eft que dans

la forme d'un Rapport, ne change rien aux chofes. Les préfomptions, pour être déplacées dans la Sentence de Lisbonne, n'en laiffent pas moins toute leur certitude aux preuves de Fait acquifes par la procédure, & déclarées convaincantes par le prononcé des Juges. Faut - il vous en donner une preuve fans replique? Vous la trouverez en ce que le rédacteur de la Sentence de Lisbonne en a ufé par rapport aux criminels fuppliciés, comme il a fait par rapport à vos Peres. Elle porte, en parlant des uns & des autres, que les preuves de Fait recueillies au procès font par elles-mêmes *furabondantes & décifives*, indépendamment de la Force des préfomptions qu'il va difcuter. C'eft donc·abufer indignement d'un fimple défaut dans la forme de la Sentence, que d'y oppofer un raifonnement qui doit tout ce qu'il a de fpécieux à ce petit defordre, & de prétendre détruire ainfi des preuves de Fait juridiquement conftatées.

Vous vous plaignez encore, *p. 18*, que ces préfomptions font propofées d'un ton paffionné. Vos Peres y font traités de *Religieux pervertis. Ces invectives* [ plus bas vous les qualifiez d'*injures* ] *font déplacées*, ditesvous, *dans un Hiftorien*. Mais eft-ce là le caractere de ceux qui parlent dans la Sentence? Ne font-ce pas des Juges? Quand

42

un Arrêt déclare un criminel atteint & convaincu d'avoir *méchamment* commis telle ou telle action, direz-vous également que c'eſt-là une invective ou une injure déplacée ? Les qualifications d'un crime font certainement partie d'un Jugement & ſont un acte de Juge.

Vous inſiſtez enſuite, *p.* 20, ſur ce qu'on appelle *deſpotiſme* l'autorité dont vos Peres jouiſſoient ci-devant, & dont ils faiſoient un abus indigne dans la Cour de Portugal. C'eſt chicanner ſur des mots, quand il s'agit de répondre à des choſes accablantes. Si vos Peres s'en étoient tenus à diriger la conſcience du Roi de Portugal & de la famille royale, en demeurant, comme vous le prétendez, dans les bornes qui conviennent à des Confeſſeurs, ils n'auroient pas été expoſés au reproche qui leur eſt fait ici. On peut, dites-vous, *p.* 21, *nier formellement ce fait comme ſuppoſé.* Par malheur pour vous, votre raiſonnement même détruit cette dénégation téméraire. *La ſageſſe & la prudence de Sa Majeſté Portugaiſe me font croire,* ce ſont vos termes, *qu'elle n'auroit pas laiſſé uſurper dans ſa Cour, par des Religieux, ſon autorité ſuprême.* Vous avez raiſon. Mais elle a pu ne pas appercevoir d'abord cette uſurpation ; & c'eſt cette *ſageſſe* & cette *prudence avec laquelle elle gouverne ſes Etats,* qui l'ont déterminée à écarter vos

Peres, dès qu'elle a vû l'abus étrange qu'ils faisoient de sa confiance. Vous niez cet abus, sous prétexte qu'il auroit été réprimé. Il l'a été. Concluez-en donc qu'il étoit réel.

Vous traitez d'accusation, *p. 22,* ce qui est dit dans la Sentence des usurpations d'un autre genre, que vos Peres ont faites sur la Couronne Portugaise en Afrique, en Amérique, en Asie; & de la guerre déclarée qu'ils ont allumée par le moyen d'une révolte formée au nord & au midi des Etats du Brésil. Vous dites que *ces accusations sont d'un grand poids,* & vous avouez que vous êtes *fort embarrassé d'y répondre.* Vous perdriez le tems à l'essayer, parce que ce ne sont point ici des dénonciateurs qui accusent : ce sont des Juges qui prononcent & qui condannent. Ce qu'ils disent d'ailleurs à cet égard, étoit déjà connu & constaté. Le Roi lui-même en avoit fait des plaintes à Benoît XIV, & il déclare dans ses Lettres Royales du 19 Janvier, que c'est lui qui a fait présenter à ce Pape la *Rélation abrégée de la République que les Religieux Jésuites des Provinces de Portugal & d'Espagne ont établie dans les domaines d'outre-mer des deux Monarchies, &c.* Cette Relation est authentique. Vous faites profession d'avoir tout le respect & la vénération qui est dûe pour la

perſonne du Roi. Vous êtes diſpoſé à admettre avec confiance ce qui émane du
Conſeil de Portugal. Vous ne devez donc
avoir aucun doute ſur l'exaƈtitude de cette
Relation. Voyez à préſent ſi ce qui eſt dit
des poſſeſſions des Jéſuites dans le Paraguay, & la maniere dont ils les gouver-
nent, reſſemble aux poſſeſſions que les
autres Religieux ont dans les colonies de
l'Amérique & à la maniere dont elles ſont
régies. Je le croyois, dites-vous. Vous ne
le croirez plus après cette leƈture ; ou ſi
vous continuez à le croire, vous ferez le
feul. « Ces poſſeſſions, ajoutez-vous, *p.* 23,
» ſont des conceſſions que les Jéſuites ont
» obtenues de la munificence des Rois. »
Mais les Princes ne les ont pas faites pour
les voir ſouſtraites à l'autorité Royale, ni
pour être étendues par des uſurpations, ni
pour être défendues à main armée contre
leurs Officiers & contre leurs armées. C'eſt
néanmoins l'uſage que vos Peres en ont
fait, comme on le voit dans la Relation
citée.

Vous nous renvoyez, *p.* 23, pour avoir
une connoiſſance exaƈte de ce qui ſe paſſe
dans le Paraguay, à l'hiſtoire qui en a été
écrite par M. Muratori, & à ce qu'en a
dit M. l'Abbé Prevoſt. Quelque ſoit l'autorité de ces Ecrivains, qui peuvent n'a-
voir parlé du Paraguay que ſur vos Mé-

moires ; elle difparoît abfolument vis-à-vis d'une Relation préfentée à un Pape par un Roi. Vous plaifantez, *p.* 24, fur un reproche qui a été fait à M. l'Abbé Prevoft, de n'avoir pas fait ufage, en parlant du Paraguay, de ce qu'en avoit dit M. Arnauld dans fa *Morale pratique.* La plaifanterie vient trop tard, puifque ce qu'avoit dit ce célébre Docteur il y a plus de 60 ans, fe trouve aujourd'hui reconnu par Sa Majefté Très-Fidéle, qui déclare en avoir acquis des preuves fans nombre.

» On accufe encore les Jéfuites, dites-» vous, *Ibid.* d'avoir formé des projets » pour exciter des féditions dans l'intérieur » même de la Capitale, & d'attirer fur le » Royaume & fur les Sujets de Sa Ma-» jefté le fléau de la guerre. » Non, mon Pere, on ne les en accufe point, mais on les en déclare coupables ; & ce font des Juges Souverains qui le font. C'eft le Roi lui-même qui le répéte de la maniere la plus expreffe dans les Lettres Royales du 19 Janvier. La différence eft immenfe. Je ne puis croire que vous ne la fentiez, ainfi que le ridicule du perfonnage que vous faites dans votre Lettre. Sans autre moyen de défenfe que les reffources de votre efprit mifes en œuvre par un intérêt de corps, vous vous débattez contre un Jugement régulier, qui eft le réfultat d'informations fecrettes & publiques, faites avec des précautions dont vous dites vous-même qu'elles font le chef-d'œuvre de la fageffe & de la prudence du Prince & de fon Confeil. Quelqu'un avant vous a-t-il transformé en accufations conteftables, des affertions judiciaires contenues dans une Sentence ? Continuons à examiner vos doutes & leurs motifs.

« Les Miniftres de Sa Majefté font, » dites-vous encore, *p.* 24, trop éclairés » & trop vigilans pour n'avoir pas été inf- » truits des moindres mouvemens qui au- » roient pu être contraires à la tranquilité » publique, & pour ne pas les réprimer » fur le champ. » Votre réflexion feroit fpécieufe, s'il étoit vrai qu'on n'eût rien fait pour réprimer vos Peres : mais elle eft abfurde, lorfqu'il eft notoire que le Confeil de Portugal n'étoit occupé que de cet objet plufieurs mois avant l'attentat. Il eft vrai qu'on n'a point puni ceux de vos Peres qui étoient les auteurs de ces troubles. Vous faites femblant de l'attri-buer à l'infuffifance de preuves. Mais c'eft cherher fçiemment à tromper vos Lecteurs, puifque vous n'ignorez pas quelle en a été la vraîe caufe. Toute l'Europe fait que le Roi de Portugal, à la vue des premiers excès de vos Confreres, au lieu de les punir comme ils le méritoient & comme il en avoit le droit, a mieux aimé recourir au S. Siége, & s'est contenté de lui demander leur réformation. Ils ont payé ce ménagement, en se mettant à la tête d'une conspiration contre sa vie ; & ce Prince trop dépendant peut-être de maximes abusives, mais accréditées dans son Royaume, a eû encore recours au S. Siége avant que de faire subir aux Jésuites coupables le supplice qu'ils ne méritent pas moins que les autres criminels. Ce double recours du Roi vers le S. Siége est certain. La Bulle de réformation a été le fruit du premier. Le second, quelqu'en soit l'objet précis, est constaté par les Lettres Royales du 19 Janvier. L'un & l'autre sont fondés sur les excès de vos Confreres ; mais excès également graves en eux-mêmes, & constans par leur notoriété, & par les preuves qui les attestent. Un Souverain qui adresse ses plaintes au S. Siége contre un Corps Religieux, & qui demande le concours de son autorité Pontificale pour le réprimer, ne le fait pas témérairement & sans être pleinement assuré, soit de la réalité, soit de l'énormité des torts dont il se plaint. Une pareille démarche n'est point de sa part une simple accusation sur laquelle il puisse être démenti par des informations nouvelles que le S. Siége ordonneroit. C'est, à peu près, le procédé de nos Magistrats, qui dans certaines caufes mixtes appellent un Official, pour concourir avec eux au jugement d'un Clerc criminel, fans devenir pour cela les parties de l'accufé, fans ceffer d'être fes Juges, & fans foumettre à cet Official ni l'information déja faite, ni le fort du criminel en ce qui appartient à l'autorité Royale. Le recours du Roi de Portugal au S. Siége, bien loin de rendre incertain le crime de vos Confreres, eft donc lui - même l'effet & la preuve de la conviction acquife contre eux. Vous l'avez fenti, & c'eft pour cela que vous ne dites mot de cette démarche. Elle eft cependant conftatée, comme je l'ai dit, par les Lettres Royales du 19 Janvier. Vous les avez lûes. N'eft-ce pas une fupercherie tout-à-fait indigne, de le diffimuler, & de donner pour preuve d'innocence une fufpenfion de châtiment que vous favez avoir une caufe toute oppofée ?

Vous vous tirez auffi mal, *page 28*, de l'ufage qui eft fait contre vos Peres dans la Sentence, de cette regle & préfomption de droit, *femel malus femper præfumitur malus in eodem genere mali.* « Il faudroit, » dites-vous, pour appliquer cette regle » aux Jéfuites, qu'ils euffent déjà été con- » vaincus d'une autre conjuration contre » leur Souverain. » Ne fuffit-il donc pas qu'ils l'aient été d'avoir excité des troubles

dans

dans le Portugal, d'avoir pris part à la révolte de Porto, d'avoir soutenu une guerre ouverte contre les armées de deux Rois ? Des hommes qui ont été capables de ces attentats, & qui en voient le fruit leur échapper, ne sont que trop légitimement suspects, à la vue d'un attentat encore plus horrible, dont le succès tendoit au même but, d'en être les principaux moteurs. D'ailleurs votre Société ne s'est jamais lavée des assassinats commis contre la personne d'Henri IV. dont le dernier fut prédit d'avance par vos Peres, & dont les deux autres furent exécutés par vos Ecoliers ou vos Disciples. Vous essayez de l'en justifier : mais nous verrons bientôt si vous y avez réussi. Enfin où est l'inconvénient de vous croire capables de concourir aux meurtres des Rois , puisque vos Théologiens anciens & nouveaux décident qu'en plusieurs cas ce meurtre est légitime ? Vous l'imputer quand il en arrive quelqu'un dont les suites peuvent vous tourner à profit , c'est vous attribuer une action innocente, & même une œuvre de charité, selon la belle décision de votre Busembaum.

Vous demandez, *page 30*, quelle utilité il seroit revenu aux Jésuites de la mort du Roi de Portugal ? La question est plaisante : mais je vais y répondre comme

C

si vous la faisiez sérieusement. Je ne pense pas assurément que vous eussiez le dessein de mettre sur le Trône quelqu'un de vos Peres. Mais si le Duc d'Aveiro y étoit monté, il n'auroit pu faire moins pour eux que de les rappeller à la Cour, dont ils se voyoient exclus avec tant de chagrin ; que d'arrêter cette réformation désespérante dont vous ne dites pas un mot dans votre Lettre ; que de vous laisser tranquilles possesseurs de vos usurpations dans les différentes parties de la Domination Portugaise. Sont-ce là de minces objets pour l'orgueil & la cupidité Jésuitiques ? Ne dites pas, *page 31*, que le Duc d'Aveiro étant un méchant homme, n'auroit pas eu pour les Jésuites, s'il fut parvenu au Trône, les égards que leur complicité auroit exigés. S'il ne les avoit pas eûs par reconnoissance il les eût eus par nécessité. Vous pouvez citer des exemples de traîtres sacrifiés par ceux à qui ils ont servi d'instrument : mais c'étoient des particuliers isolés à qui il ne restoit point de vengeurs. Il n'en est pas ici de même. Manquer à l'égard de ceux de vos Peres qui seroient entrés dans le complot, c'eût été encourir la haine de tout le Corps. Le Duc d'Aveiro dans cette hypothèse auroit eû une preuve récente & personnelle de tout ce dont votre Société est capable. Il n'auroit pas été affez fou pour s'expofer à l'avoir pour ennemie au commencement d'un régne ufurpé par fon fecours, & lorfqu'il pouvoit avoir encore befoin de fes intrigues & de fes reffources.

« La récompenfe, *page 32*, que vos » Peres auroient reçue de ce nouveau Roi, » auroit été, felon vous, la conviction » d'une complicité qui les auroit couverts » d'une éternelle infamie. » Elle l'auroit été fans doute aux yeux des perfonnes attentives & judicieufes. Mais l'auriez-vous reconnu vous-même ? Et puifque aujourd'hui vous oppofez hardiment les conjectures & les fuppofitions les plus frivoles, à des preuves de fait furabondantes & décifives ; déclarées telles par une Sentence folennelle d'un Tribunal Souverain ; que n'auriez-vous pas oppofé à cette conviction, comme vous l'appellez, mais qui n'eût jamais été qu'une fimple préfomption ? J'ajoute que cette récompenfe n'eût pas été affez frappante pour être remarquée par le commun des gens, puifque elle eût confiftée principalement à remettre vos Peres fur l'ancien pié où ils étoient tranquillement depuis plus de cent ans. Quand elle auroit eû même de quoi fixer l'attention, il auroit été facile d'en cacher le vrai motif & de lui en fubftituer un autre, en faifant obferver que la mort du

C ij

Roi étoit fans doute une punition célefte de la perfécution qu'il faifoit fouffrir à votre Société ; qu'elle avoit été révélée au faint Jéfuite Malagrida , qui l'avoit annoncée d'avance avec une certitude prophétique à diverfes perfonnes qui étoient en état de produire fes Lettres ; que pour réparer fa faute , il falloit vous relever à proportion de ce qu'il avoit voulu vous humilier. Joignez à cela que la faveur dont vous auriez joui fous le nouveau regne, auroit fermé la bouche aux plus clair-voyans ; & dites-nous fi dans de pareilles circonftances quelqu'un en Portugal auroit ofé dire que cette faveur & ces effets étoient la preuve de votre complicité dans l'affaffinat.

Vous revenez fur ces Lettres de Mala-grida pour en contefter l'exiftence, & vous voudriez, *page 32*, qu'on en eût donné des copies. Ne feroit-ce pas affez qu'elles fuffent jointes en original au pro-cès ? Ne feroit-ce pas même affez, pour affurer qu'elles ont été écrites, que le fait eût été dépofé par ceux qui les avoient reçues, & qu'ils en euffent déclaré le contenu, en avouant peut-être qu'à la nouvelle de l'af-faffinat ils avoient brûlé ces Lettres, dont il eut été dangéreux pour eux de fe trou-ver faifis ? Qu'auriez-vous à reprocher à de pareils témoins ? Il n'y a donc point de réticence fur ces Lettres, ni d'affectation de les tenir fecrettes, ni de motif par conféquent de douter de leur exiftence. De quel front un anonyme comme vous ofe-t-il le faire, contre la déclaration de Juges refpectables ?

Pour éluder les inductions qui réfultent contre vos Confreres de la lettre interceptée du 19 Décembre, *p. 33*, vous fupprimez ce qui dans cette Lettre montre le trouble & le défefpoir de vos Peres. Avec de pareils moyens, de quoi ne fe tire-t-on pas ?

*Mon deffein*, dites-vous, p. 34 & 35, *n'eft pas de difculper les Jéfuites, & c'eft le feul amour de la vérité qui me fait parler.* Allez, mon Pere, on ne fe joue pas ainfi du Public. Votre Lettre n'eft deftinée qu'à difculper vos Confreres, & à étouffer cette vérité qui les pourfuit & les accable. A quoi en effet fe réduit votre Lettre ? N'eft-ce pas à tourner & à retourner en tout fens cet unique mais puérile raifonnement : les Jéfuites n'ont pas été punis : donc ils ne font pas convaincus : donc ils font innocens ? Eft-ce l'amour de la vérité qui le dicte ? Et n'eft-ce pas évidemment cette affection de Corps qui ne veut jamais voir de coupables parmi des Confreres, & à qui tout eft bon pour les juftifier ? Les Jéfuites Portugais ont été déclarés coupables de l'affaſſinat, & chefs même de la conſpiration, ſur les mêmes preuves & par les mêmes Juges qui ont déclaré coupables le Duc d'Aveiro & les autres ſuppliciés. Vous croyez ceux-ci criminels, parce qu'ils ne ſont pas Jéſuites. Vous croyez les autres innocens, parce qu'ils ſont de votre Société. S'il y avoit cependant de la différence à admettre entre les uns & les autres, elle ſeroit à l'avantage des premiers & à la charge des ſeconds. La part qu'ont eu vos Peres dans l'attentat, n'eſt, ſelon les Lettres Royales du 19 Janvier, qu'un dernier forfait qui a mis le comble à une multitude d'autres qui avoient précédé. Il faut vous remettre ces Lettres devant les yeux. Elles ſont une réponſe péremptoire à la vôtre. C'eſt le Roi lui-même qui y parle.

« Les pernicieux complots, dit ce Prin-
» ce, que les Religieux compoſant le Ré-
» gime de la Société de Jéſus dans mes
» États y ont formés, & qui ont éclaté par
» des ſéditions ſcandaleuſes, des révoltes
» & des guerres déclarées, ont été le juſte
» motif des ordres que j'ai envoyés à mon
» Miniſtre en Cour de Rome..... Mon
» intention étoit que le S. Pere ordonnât
» la réforme deſdits Religieux.... Par un
» moyen auſſi doux & auſſi modéré, je
» me propoſois d'empêcher le cours de
» ces grands déſordres, de rétablir la tran-

» quillité parmi mes Sujets & dans mes
» Etats, & de pourvoir à l'amendement
» defdits Religieux, fans être obligé d'en
» venir contre eux & pour les réprimer,
» à des extrémités que ma clémence m'a
» toûjours incliné à fufpendre. Cette mo-
» dération pleine de bonté de ma part a
» produit les effets les plus étranges, & les
» plus oppofés à ceux que j'en efpérois.
» Ils ont eu la malice de nier.... les at-
» tentats détaillés dans la Rélation que j'a-
» vois fait préfenter à Sa Sainteté.... De
» ces excès ces Religieux fe font portés à
» d'autres plus téméraires & plus infâmes.
» Ils ont prétendu aliéner mes bon Sujets
» de l'amour & de la fidélité qu'ils doi-
» vent à ma Royale Perfonne & à mon
» gouvernement.... Ils ont abufé du facré
» Miniftére, en s'en fervant pour commu-
» niquer & répandre la venimeufe conta-
» gion de leurs facrilèges calomnies contre
» moi & contre mon gouvernement. En-
» fin ils en font venus jufqu'à former au
» dedans de cette Capitale une abomi-
» nable conjuration, dont le Régime de
» ces mêmes Religieux s'eft établi l'un des
» trois principaux chefs.... Les circonf-
» tances déteftables de cette conjuration
» font détaillées dans la Sentence rendue le
» 12 du préfent mois de Janvier..... Ces
» Religieux y font compris au nombre

» des coupables des crimes de leze-ma-
» jefté au premier chef, de rébellion, de
» haute trahifon & de parricide. » Relifez,
mon Pere, & rougiffez d'avoir oppofé
des dénégations infolentes à une déclaration auffi folennelle, auffi accablante,
& qui prévient fi clairement les conféquences que vous tirez de l'impunité de
vos Confreres; & d'avoir ofé la contre-
dire, fans pouvoir alléguer ni le moindre
fait à la décharge de vos Peres, ni le moindre reproche ou contre les témoins, ou
contre les Juges.

Vous êtes demeurés dans le filence pendant plus de trois mois. La honte & la con-
fufion vous fermoient la bouche. Sans
doute que quelque caufe fecrette a relevé
votre courage abattu, & vous a enhardis
à rifquer une apologie telle quelle, dans
l'efpérance qu'elle feroit adoptée par ce
qui vous refte de partifans. Vous n'avez
pas voulu demeurer à leurs yeux fans quelqu'efpèce de juftification, & fans leur
fournir en même tems quelques armes pour
vous défendre. C'eft ce même motif qui
vous fait rappeller dans votre Lettre la
mort funefte d'Henri IV., l'affaire de l'infâme Damiens, & celle de votre procès avec
les héritiers d'Ambroife Guys. Les deux
premiers événemens ont été réveillés dans
les efprits par celui de Lisbonne, qui leur

est si ressemblant; & à cette occasion, les soupçons sur-tout qu'on avoit conçus contre votre Société en 1757, ont reparu avec leur premiere vivacité. L'autre affaire assoupie par vos soins depuis long-temps, s'est réveillée aussi dans la même conjoncture, peut-être par l'espoir qu'ont eu les héritiers de Guys, que votre discrédit leur procureroit enfin le jugement qu'ils sollicitent depuis si long-tems. Ce concours a donné lieu à des rumeurs fort déplaisantes pour vous. C'est ce qui vous a déterminé à en parler, afin que votre silence ne fût pas pris pour conviction. Mais vous avez beau faire : ce que vous en dites ne vous justifie pas. Nous l'allons voir sur chacun de ces trois objets.

Henri IV. fut en butte à la fureur de trois Assassins. Le premier se nommoit Pierre Barriere. Il fut surpris & arrêté avant que d'avoir fait son coup. C'est de lui que le Parlement dit au Roi quelques années après, par la bouche de M. de Harlai Premier Président, « qu'enrôlé par la Société des Jé» suites dont la doctrine séditieuse... fa» vorisoit les attentats sur la Personne sa» crée des Rois, armé par Varade ( Rec» teur de la Maison de ces Peres ) muni de » l'absolution & du précieux corps de Jé» sus - Christ, il s'engagea par serment à » enfoncer le poignard dans le sein de Sa

C v

» Majesté. » Ce témoignage, mon Pere, en vaut cent, & me dispense d'en produire aucun autre.

Jean Châtel est le second scélérat qui tenta de tuer le même Prince. Le coup porta heureusement sur la lèvre; ce qui donna lieu au bon Roi de dire, en apprenant que c'étoit un de vos Ecoliers: *Falloit-il donc que les Jésuites fussent convaincus par ma bouche?* Vous n'avez eu garde de de rapporter ce mot, ni la circonstance sur laquelle il étoit fondé, quoique attestée non seulement par les Historiens, mais encore par une des inscriptions de la pyramide élevée à cette occasion. Jean Châtel déclara *avoir ouï dire à vos Peres qu'il étoit loïsible de tuer le Roi.* Le même Arrêt qui le condanna à mort, condanna vos Peres à sortir du Royaume. Vous l'avouez; mais vous en cachez le motif. « C'est, aux ter- » mes de l'Arrêt, comme corrupteurs de » la Jeunesse, perturbateurs du repos Pu- blic, ennemis du Roi & de l'Etat. » Votre Pere Guignard fut pendu. Son crime ne se bornoit pas *à avoir conservé des écrits scandaleux faits du temps de la Ligue.* En le réduisant à cela vous l'excusez, *page 52,* & vous censurez ainsi comme excessif, & dès-lors comme injuste, l'Arrêt qui le con- danna. Son crime consistoit « à s'être trou- » vé saisi de livres ou ouvrages composés

» par lui & écrits de sa main, contenant
» approbation du parricide d'Henri III.,
» & induction à tuer le Roi regnant. En
» conséquence de quoi la Cour a déclaré
» ledit Guignard atteint & convaincu du
» crime de leze-Majesté. » Telle est l'é-
noncé de l'Arrêt.

On voit à présent, mon Révérend Pere,
pourquoi vous avez coulé si légérement sur
les deux premiers attentats, & pourquoi
vous vous arrêtez davantage sur le troi-
siême. Vous demandez donc, *p. 54*, si
l'on a fait quelques procédures contre vos
Peres, & s'ils ont été convaincus lorsqu'on
a fait le procès à Ravaillac.

Avant que de répondre à cette question,
il faut vous faire remarquer à vous-même
le génie qui regne dans votre Lettre. Vous
nous avez dit que votre dessein n'étoit pas
de disculper les Jésuites. Voici de quoi s'en
convaincre. En demandant si on a fait des
procédures contre les Jésuites lors du procès de Ravaillac, vous convenez par-là même, que s'il en avoit été fait & qu'ils eus-
sent été juridiquement déclarés complices,
on seroit fondé à les charger de la mort
d'Henri IV. Cependant voilà une procédure solennelle contre vos Confreres de
Lisbonne. Il y a aussi un Jugement, qui
non seulement déclare leur complicité
prouvée, mais dans lequel ils sont com-

pris parmi les chefs principaux de la confpiration; & malgré cela vous dites que
vous les croyez innocens. Vous voulez que
nous les croyions tels avec vous. Ce n'est
pas faute de procédure. C'est par défaut de
punition. Il faudroit donc les croire coupables, s'ils avoient été punis. Votre raifonnement le fuppofe. Mais point du tout.
Votre P. Guignard a été pendu, & néanmoins vous l'excufez en exténuant fon
crime.

A chaque événement qui intéreffe vos
Confreres, vous vous attachez à quelque
circonftance qui manque. Vous l'érigez en
circonftance effentielle, dont le défaut
rend leur crime douteux. Vous la variez
enfuite felon le befoin. Point de procédure du tems de Ravaillac. Procédure &
Jugement: mais point de fupplice à Lisbonne. Procédure, Jugement & fupplice
à l'égard du P. Guignard; mais faute excufable, & abolie par l'amniftie qui fuivit la
Ligue. Innocence conftante chez les Jéfuites. Bien-tôt vous nous direz qu'ils n'ont
contre eux que des écrits fatyriques, répandus par leurs adverfaires. C'eft ainfi
que vous nous prouvez que votre deffein
n'eft pas de difculper ces Peres; mais que
le feul amour de la vérité vous fait parler.
L'amour de la vérité a-t-il befoin de tant
d'adreffe, & ufe-t-il de tant de variations?

Non certes. Elles ne conviennent qu'à l'hipocrisie & à la partialité.

Après cette observation, je reviens à la
demande que vous faites, si l'on a fait quelques procédures contre les Jésuites, lorsqu'on fit le procès à Ravaillac ; & je vous
réponds franchement que non. « Pourquoi
» donc, dites-vous, les en déclarer cou-
» pables, comme si ce fait étoit avéré ? »
Pourquoi ? Par la même raison & sur les
mêmes fondemens qui vous font dire à vous-
même, *p.* 53, qu'il faut « couvrir cet évé-
» nement d'un voile impénétrable, de
» crainte de révéler d'affreux secrets, qui
» mettroient peut-être au rang des cou-
» pables des personnes dont on doit res-
» pecter la mémoire, puisque la Justice de
» ce tems-là ne l'a pas flétrie. » Vous re-
connoissez en parlant ainsi, que, quoiqu'il
n'y ait eu de procédure que contre Ravaillac, ce malheureux avoit néanmoins des
complices. La conséquence que vous tirez
en faveur de vos Peres du défaut de procédures contre eux, est donc caduque.
Mais si Ravaillac avoit des complices d'un
haut rang qui durent être ménagés, peut-on
douter qu'il n'y en eût d'intermédiaires qui
cachoient ces premiers ? Vous ne connoissez ceux-ci que par les Historiens du tems,
& par les monumens qu'ils citent. Or ces
Historiens & ces monumens sont plus for-

mels encore contre vos Peres que contre ceux que vous défignez.

Je me contente de citer ici le Factum du Capitaine la Garde, & la déclaration de la Demoifelle Coman. Ces deux pièces vous feroient-elles inconnues? Cherchez-les dans le Journal de l'Etoile, IV.ᵉ volume de l'édition de 1741. Vous trouverez dans la premiere que votre Pere Alagon de Naples fit les plus vives inftances au Capitaine la Garde pour l'engager à tuer le Roi, lui promettant une récompenfe flatteufe, & ne lui diffimulant pas qu'un autre ( c'étoit Ravaillac ) avoit accepté cette funefte commiffion. La feconde vous apprendra que la Demoifelle Coman ayant eu connoiffance de la confpiration, fit tous les efforts imaginables pour en faire parvenir l'avis jufqu'au Roi; que n'ayant pu y réuffir, elle alla chez les Jéfuites demander le P. Cotton Confeffeur du Prince; qu'on lui dit qu'il étoit forti; qu'elle y retourna le lendemain; que fe voyant renvoyée encore fous le même prétexte, elle confia fon fecret au Pere Procureur de la Maifon, avec priere de le tranfmettre au Pere Cotton; que le Pere Procureur lui promit de *faire ce que Dieu lui confeilleroit*, & répondit à de nouvelles inftances de la Demoifelle, que *ce n'étoit point à elle à fe mêler de ces affaires*; que quelques jours après elle fut arrêtée prifonniere. Ce fut tout le fruit qu'elle recueillit de fon zéle, & le Roi fut tué par le même homme qu'avoit défigné la Demoifelle Coman, & contre lequel on n'avoit pris aucune précaution.

Argumentez à préfent tant qu'il vous plaira. Demandez, *p.* 55, " fi on a des » preuves convaincantes que vos Peres » aient fait le moindre ufage des maximes » qu'on vous reproche. » Ajoutez qu'ils » n'ont contre eux que des écrits fatyri- » ques, répandus par leurs adverfaires » pour les rendre odieux. » On vous renverra aux Arrêts contre Jean Châtel, contre votre P. Guignard, & contre tous vos Peres bannis alors du Royaume ; aux Remontrances préfentées enfuite par le Parlement pour s'oppofer à votre rappel : Remontrances où cette augufte Compagnie attefte elle-même l'ufage que vous **avez** fait de vos maximes féditieufes. On vous renverra aux Hiftoriens qui ont écrit les circonftances de la mort d'Henri IV. ; aux Ecrits de l'Univerfité ; aux plaidoyers faits pour elle contre votre Compagnie, &c. En quelle confcience pouvez-vous donc dire que vos Peres *n'ont contre eux que des écrits fatyriques, répandus par leurs adverfaires ?* Ces adverfaires dont vous parlez fans ceffe dans votre Lettre, font poftérieurs au tems d'Henri IV. Ils n'ont pas fabriqué les

hiſtoires & les monumens où votre Société paroît d'une maniere ſi peu avantageuſe. Ils n'ont fait qu'en extraire & produire ce qui étoit conſigné, ſoit dans les
Regiſtres du Parlement, ſoit dans les ouvrages des Auteurs les plus eſtimés, & com-
parer les faits avec les maximes établies
dans vos propres livres.

Vous demandez encore, *p.* 55, quelle
utilité les Jéſuites ont retirée du meurtre
de Henri IV. Il falloit demander quelle
utilité ils s'en promettoient ; & à cette queſ-
tion je répondrai qu'il ne faut qu'être inſ-
truit médiocrement de l'hiſtoire de ce
temps-là pour ſavoir combien votre Société étoit dévouée à la Cour d'Eſpagne.
Ce n'étoit pas un ſimple attachement d'eſ-
time. Il étoit l'effet de ſa reconnoiſſance
pour les immenſes richeſſes qu'elle en avoit
reçues, & du deſir, ſoit de les conſerver,
ſoit de les voir accroître par de nouveaux
dons. Tout ce que vous poſſédiez en France, n'étoit rien en comparaiſon. De-là ce
zèle effréné avec lequel vous épouſiez les
intérêts de la Cour d'Eſpagne, & vous
entriez dans ſes vûes ambitieuſes. De-là
les promeſſes de richeſſes & d'honneurs par
leſquelles votre Père Alagon, oncle du
Duc de Lerme alors Miniſtre d'Eſpagne,
tentoit à Naples la fidélité du Capitaine la
Garde, & vouloit l'engager à tuer le Roi.

Vous attribuez vous-même cette mort à la jaloufie des Puiffances étrangeres. Or elles n'avoient pas d'émiffaires plus affectionnés, ni plus adroits que vos Peres pour la complotter. Ceffez donc de vous plaindre qu'on vous accufe fans preuves. Votre Société n'en a que trop fourni fur cet événement. Paffons à celui de 1757.

Je conviens avec vous, *p. 38*, que les Jéfuites n'ont pas été mis en caufe dans l'affaire du fcélérat Damiens, & qu'en conféquence on ne peut dire avec une pleine affurance que vous foyez coupables de l'attentat du 5, Janvier. Mais il ne s'enfuit pas de-là que vous en foyez innocens. Nous venons d'obferver que Ravaillac parut feul coupable du meurtre d'Henri IV.; qu'il fut feul livré à la Juftice, feul condanné au fupplice; & que cependant vous reconnoiffiez vous-même qu'il avoit des complices. Il ne feroit pas merveilleux que ce qui eft arrivé par rapport à Ravaillac, fe fût répété par rapport à Damiens. On peut, fans taxer de prévarication les Juges de ce dernier, croire qu'il n'étoit que l'inftrument d'autrui; puifque vous le croyez de Ravaillac, en excufant également fes Juges. Il faut donc en revenir aux raifons pour ou contre, & non argumenter fur des omiffions dans une procédure, qui ont pu être l'effet d'ordres fupérieurs, dont les Magistrats ne se feront pas cru permis de s'écarter. Or quant aux raisons de vous réputer complices de l'attentat du 5 Janvier, elles se trouvent dans les principes de votre Société sur le meurtre des Rois, dans l'époque & les autres circonstances de l'événement, dans une multitude de traits qui sont répandus & constatés dans le procès imprimé de Damiens : traits qui montrent ses liaisons anciennes & persévérantes avec vos Peres, l'intime confiance avec laquelle il étoit admis dans leurs entretiens secrets, l'esprit de schisme qu'il avoit succé à leur école, son inquiétude fanatique sur l'état des disputes Ecclésiastiques & leurs dépendances, &c. &c. Joignez à cela qu'il est absolument incroyable qu'un homme de l'état & du caractere de ce malheureux, se soit déterminé de lui-même, sans suggestion étrangere, à un attentat aussi horrible que celui du 5 Janvier ; que d'ailleurs il est évident qu'il ne s'y est porté que par une impression fanatique, qu'on ne conçoit pas tout seul, & qu'il n'a pu recevoir que de vos Peres, puisque dans cet ordre il n'avoit de liaison intime qu'avec eux. Vous auriez mieux fait, mon Pere, de ne pas rappeller un objet aussi triste, & de persévérer dans le silence que vous aviez si sagement observé dans le temps.

Quant au fameux procès pour la succef-
fion d'Ambroife Guys, vous triomphez,
*page 42*, à la faveur de l'Arrêt du Confeil
que vous avez récemment obtenu. Pour
moi, je fuis furpris qu'il ne fe foit trouvé perfonne parmi vous d'affez fenfé pour
fentir combien il étoit honteux d'en faire
trophée, & pour ne pas arrêter cette puérile oftentation qui vous l'a fait inférer
dans la Gazette de France. Que porte en
effet cet Arrêt ? Il déclare faux un autre
Arrêt prétendu qui vous avoit été fignifié
par les héritiers d'Ambroife Guys, comme leur donnant gain de caufe contre
vous. Eft-ce là vous decharger de la demande de ces malheureux héritiers ? Eft-
ce avoir jugé que vous ne vous êtes point
emparés de la fucceffion de Guys ? Le nou-
vel Arrêt opere-t-il même le moindre préjugé en votre faveur fur cette fameufe
caufe ? C'eft tout le contraire, Mon Révérend Pere. Si vous n'étiez pas réellement débiteurs de cette immenfe fucceffion, ce procès dureroit-il depuis 1715 ?
N'auriez-vous point obtenu depuis ce
tems-là votre décharge ? Quel plus grand
intérêt aviez-vous que de la folliciter, &
de vous fervir de votre crédit pour l'ob-
tenir ? Bien loin de là, vous avez retiré
l'affaire du cours ordinaire de la Juftice ;
& au bout de 40 ans vous triomphez d'un

Arrêt qui déclare qu'elle n'eſt pas jugée ; vous le produiſez avec emphaſe, & vous voulez qu'on en conclue que la ſucceſſion de Guys n'eſt point en vos mains. Comment le conclurroit-on ? L'arrêt ne le dit pas. Et certainement on vous en auroït accordé un qui le déclarât définitivement, ſi l'on n'avoit dans les Regiſtres du Conſeil un tas de preuves qui s'y oppoſent. Ne le prenez donc pas, mon Pere, ſur un ton ſi haut. Il n'eſt bon que pour tromper des dupes. Tout homme judicieux, ſur la ſimple lecture des pièces autenthiques qui concernent cette affaire juſqu'au dernier Arrêt incluſivement, demeurera convaincu qu'au crime de l'enlevement de cette ſucceſſion, vous ajoutez celui de la retenir avec une obſtination qui montre combien vous êtes fermés à tout remors, & à tout ſentiment de pudeur.

Il eſt tems de terminer la diſcuſſion de votre Lettre. Je crois avoir démontré l'inutilité de vos efforts pour laver vos Confreres Portugais, du crime d'avoir attenté à la vie de leur Roi. Tous vos argumens ſe réduiſent à des poſſibilités, des ſuppoſitions, des conjectures : vous n'articulez pas un ſeul fait qui ſoit à leur décharge. Vous vous prévalez uniquement de ce qu'ils n'ont pas été punis, pour en conclurre qu'ils ne ſont pas convaincus. Il faut

vous faire rougir encore une fois, fi vous
en êtes capables, d'un auffi miférable raifonnement : écoutez le Roi de Portugal
lui-même. C'eft aux Evêques de fon Royaume qu'il parle. J'ai déja cité quelques por-
tions de ce texte : vous en fentirez mieux
la force, en le relifant tout entier.

« Les deux exemplaires joints à cette
» Lettre vous inftruiront, dit ce Prince,
» de la Sentence rendue le 12 du préfent
» mois de Janvier par l'*Inconfidence* contre
» les coupables du barbare & facrilège
» outrage commis contre ma Royale Per-
» fonne..... Ils vous inftruiront en outre
» des actes & procédures que j'ai fait
» faire, .... pour réprimer en partie les
» Religieux de la Compagnie de Jefus,
» dont le Régime corrompu s'eft rendu,
» non-feulement complice, mais encore
» chef principal des énormes crimes de
» Leze-Majefté au premier chef, de haute
» trahifon & de parricide, qui ont été
» jugés par ladite Sentence. Les Jéfuites
» par ce procès, dit encore ce Prince à
» la fin du Manifefte qu'il joint à fa Let-
» tre, fe voyant pleinement & manifef-
» tement CONVAINCUS de leurs abomi-
» nables forfaits, jouent le rôle qu'ils ont
» toujours joué en pareil cas. Ils affectent
» une douceur, un air d'innocence, ....
» pour perfuader aux dupes que les fup-

» plices qu'on leur fera fouffrir leur vau-
» dront la couronne du martyre. . . . Ce
» ftratagême ufé de leur part ne détruira
» jamais les preuves convaincantes qui
» réfultent du procès. Il y eft démontré
» que les Jéfuites, qui font parade de ces
» bonnes œuvres , font précifément les
» mêmes qui ont confeillé, tramé, com-
» plotté & fait exécuter le parricide du 3
» Septembre de l'année derniere. »

L'entendez-vous, mon Révérend Pere ? C'eft un Roi qui parle. Qui êtes-vous, je le demande encore, pour le démentir jufqu'à dire en finiffant votre Lettre, qu'on doit s'attendre *à apprendre inceffamment que les Jéfuites n'ont eû aucune part à l'affaffinat commis contre la perfonne de Sa Majefté Très-Fidele ?* p. 64. Ce Prince, à votre avis, eft donc un calomniateur atroce, & le tems l'en convaincra inceffamment. L'hiftoire n'offre pas d'exemple d'une pareille infolence, qui eft toute feule un crime de Leze-Majefté.

Avant que de vous quitter, mon Pere, il eft bon d'apprendre au Public ce qui vous a infpiré cette hardieffe de publier une apologie de vos Confreres Portugais. Vous étiez plus modeftes dans les mois de Février & de Mars. Mais dès le commencement d'Avril il vous eft revenu, felon l'expreffion d'un de vos Confreres, *des*

*lucurs d'espérance d'un tems moins orageux.*
Ces lueurs se sont accrues jusqu'à vous
flatter que les Peres Malagrida, Matos,
Alexandre & autres, pourroient échapper
au supplice. Ce n'est pas du côté du Portugal que sont nées ces espérances, mais
à ce qu'on prétend chez vous, des Cours
de Versailles & de Madrid, qui, s'il en
faut croire votre Confrere, vous *jugent
tout autres que celle de Lisbonne.* C'est encore plus de la Cour de Rome qui vous
a déja donné plusieurs marques de sa protection. La mort du Cardinal Archinto,
placée, ou du moins arrivée si à propos
au moment que vos Supérieurs Romains
apprirent que le coup de Portugal étoit
manqué, vous a délivrés d'un Ministre qui
vous connoissoit, & dont vous redoutiez
les dispositions. Il a eû, dit-on, dans le
Cardinal Torrigiani un successeur qui vous
est dévoué, & qui fait usage de son crédit
& de son génie, pour tempérer & détruire
dans l'esprit du Pape l'impression d'horreur
contre vous, qu'avoit fait sur ce Pontife
l'attentat de Lisbonne. Quoique ce Ministre ait débuté par renvoyer son Confesseur
Jésuite, & que son exemple ait été suivi
par le Cardinal Neveu & le Cardinal
d'Yorck, vous n'avez pas été effrayés de
cette disgrace apparente. Elle n'a été qu'une
feinte pour vous mieux servir, en cachant

le concert établi entre vos Peres & ces Eminences. De là le changement qui s'est insensiblement introduit dans la Cour Romaine sous le nouveau Pontificat. De là les audiences fréquentes qui y sont accordées à votre Général, & la liberté qu'il a, dit-on, de se déchaîner contre le Roi de Portugal, jusqu'à traiter de calomnies les faits atroces qui font l'objet des plaintes de ce Prince, & l'accuser lui-même de ne vouloir perdre votre Société, que par haine pour la Religion, dont vos Peres font le principal boulevart. Vous vous flattez encore d'être protégés à Rome par l'Ambassadeur de France, lequel est si déclaré en votre faveur, qu'il en a mérité les remerciemens de votre Pere Général, qui les a étendus jusqu'à son Sécretaire.

Vous voyez, mon Pere, que je suis instruit de ce qui vous flatte & que je n'en dissimule rien. Je n'ai garde pourtant d'adopter ces différentes anecdotes. Je suis bien plus porté à croire que vous les inventez vous-même & que vous les débitez en secret avec un ton d'assurance qui persuade plusieurs de ceux qui vous écoutent. C'est en effet une ruse qui n'est pas maladroite, d'aller répandre çà & là que tel & tel Cardinal vous protége auprès du Pape ; que les Cours de Versailles & de Madrid vous jugent innocens ; que les
Ambassadeurs

Ambaſſadeurs de ces Cours parlent à Sa Sainteté en votre faveur. Ceux à qui vous le dites, le croient ſur votre parole. Ils s'imaginent dès lors que votre parti prend le deſſus à Rome. Ils ſe hâtent de s'y joindre, croyant faire ainſi leur cour aux Miniſtres en place. Le ſuccès de votre ruſe auprès de ces premiers vous ſert pour en gagner d'autres. Je ne ſerois pas ſurpris que vous euſſiez ainſi formé un parti qui parlât pour vous. Je n'ai pas non plus de peine à croire que vous ayez engagé, comme on l'aſſure, ceux des Evêques de France qui ſont mécontens de la paix que le Roi veut rétablir dans ſon Royaume, à écrire à Clément XIII. pour le prier d'accorder ſa protection à vos Confreres *injuſtement perſécutés*. Ces Prélats vous ſont il y a long-tems aveuglément dévoués. Ils peuvent ſe flatter que ſi leur interceſſion vous ſert auprès du Pape, vous les payerez de retour en faiſant ſervir un crédit que vous aurez recouvré par leurs ſoins à reſſuſciter des troubles qui étoient ſi fort de leur goût.

Mais que les Ambaſſadeurs des Cours étrangeres ſe ſoient rendus vos protecteurs auprès de Sa Sainteté contre le Roi de Portugal, ou que les Miniſtres du Pape, qui ſont en quelque ſorte vos Juges avec lui, par le recours de Sa Majeſté Très-

D

Fidele auprès du Saint Siége, foient devenus vos Avocats : *Credat Judæus Apella.*

Par rapport aux Ambaffadeurs des Cours,
ils ne pourroient faire le perfonnage qu'on
leur prête, fans y être autorifés par leurs
Souverains. En une matiere auffi impor-
tante & qui intéreffe un autre Monarque,
ils ne fe permettroient pas d'ufer, fans
ordre, de leur crédit perfonnel. De fup-
pofer que ce foit de la part des Rois leurs
Maîtres qu'ils plaident votre caufe auprès
de Sa Sainteté, c'eft chofe impoffible. Il
faudroit avoir prouvé l'innocence de vos
Confreres à toutes ces Cours, pour les engager à fe déclarer en leur faveur. Le
feroient-elles à l'incertain & au rifque de
protéger des Religieux inftigateurs d'un
affaffinat contre le Roi affaffiné par leurs
fuggeftions ? Mais où feroient les preuves
qui auroient établi leur innocence ; puifque vous n'en produifez aucune dans cette
apologie même que vous venez de publier ?
Les Confeils des Princes ne fe perfuadent
pas par des raifonnemens du genre de ceux
que vous y employez. Et fi vous aviez
eû quelque chofe de plus folide à alléguer,
vous ne l'auriez point omis dans cette
Lettre. Voulez-vous que fur des préfomptions auffi vaines que les vôtres, ils croient
vos Confreres étrangers à l'attentat, contre le Jugement du Tribunal qui les a

condannés ; contre le réfultat des actes de la procédure fur lefquels cette condannation eft fondée ; contre les déclarations fi fortes & fi folennelles du Roi de Portugal lui-même ? Par quel prodige des criminels condannés par un Tribunal compétent & Souverain, fur une procédure réguliere, feroient-ils écoutés en la perfonne de leurs Confréres, jugés innocens par des Princes étrangers, & protégés à ce titre, parce qu'ils font affez hardis pour nier leur crime ? Combien ce prodige feroit-il plus grand encore dans le cas où il s'agiroit de Sujets convaincus d'avoir attenté à la vie de leur Souverain, & membres d'un corps d'hommes qui enfeignent ouvertement que ces attentats peuvent être légitimes ?

Il ne feroit pas furprenant que les autres Cours regardant cette affaire comme particuliere au Portugal, ne s'en mêlaffent point. Mais fuppofons, j'y confens, qu'elles prennent parti dans cette caufe. Elles doivent alors fe décider ou par préjugé, ou par intérêt, ou par conviction & felon les principes de la juftice ? Sera-ce par préjugé ? Quelle comparaifon entre un Roi trop jaloux de fa gloire pour hazarder, fans la plus parfaite certitude, les griefs qu'il expofe contre vous à toute l'Europe ; & votre Société réduite pour fa défenfe, ou aux moyens frivoles que vous propofez, ou à des récriminations vaines, fufpectes de droit dans des criminels, & fufpectes à double titre de la part d'hommes comme vous, chez qui le menfonge & la calomnie font excufables & même permis, lorfqu'ils font néceffaires pour fauver le faux honneur de votre corps ? Sera-ce par intérêt ? De quel côté fe trouve, je ne dis pas le plus grand, mais le feul intérêt véritable des Princes ? Eft-ce à protéger, ou à abandonner au fort qu'elle mérite, une Société auffi corrompue dans fes maximes, auffi dangéreufe dans fa politique, auffi redoutable dans fon reffentiment ; qui n'a fait de bien nulle part, & qui par tout a été une fource de maux ; qui flatte les Princes quand ils favorifent fon ambition ; qui les méprife ou qui cherche à les perdre dès qu'ils veulent la réprimer ? Sera-ce enfin par conviction & par cet efprit de juftice qui eft l'affermiffement des Trônes ? Qu'eft-ce qui dans ce cas entraînera leur jugement ? Seront-ce les actes d'une procédure réguliere qui feroient mis fous les yeux des Souverains, & par lefquels ils verroient le Régime des Jéfuites Portugais convaincu, foit d'avoir attenté à la vie de leur Roi, foit d'avoir mis le comble par ce forfait à une multitude d'excès également puniffables : ou fera-ce une miférable

Apologie, qui ne leur préfenteroit que de fimples dénégations, de futiles raifonne- mens, des conjectures hazardées, des fup- pofitions en l'air, de pures poffibilités: moyens dont le feul effet eft de rendre plus évidente la certitude du crime, & le caractere incorrigible du Corps, qui a le front de protéger & de défendre des mem- bres fi criminels ?

Ces confidérations font trop puiffantes pour n'être pas pefées dans les Cours des Princes avant que d'y époufer les intérêts de votre Société. Elles ne font pas moins fortes par rapport à la Cour de Rome. Mais il y en a d'autres qui intéreffent plus particulierement celle-ci. Je laiffe à part l'impreffion que feroit dans l'Europe, & fur-tout parmi nos freres féparés, une protection qui feroit accordée par le Saint Siége à des Religieux affaffins de leur Souverain. Je laiffe encore à part les foup- çons qu'on concevroit fur la nature des moyens qui leur auroient procuré cette protection. Je m'arrête à d'autres vûes.

Si Clément XIII. fe trouve aujourd'hui en quelque forte le Juge de vos Peres Portugais, c'eft parce que Sa Majefté Très-Fidéle a bien voulu montrer de la complaifance pour les opinions ultramon- taines fur ce qu'on appelle les immunités Eccléfiaftiques. Aucune loi ne l'y obligeoit,

& il feroit bien étrange qu'un Roi affaffiné par des Eccléfiaftiques, portât envain à leur égard cette épée que Dieu même lui a mis en main pour punir ceux qui font le mal. La France eft auffi Catholique que le Portugal, & nos Tribunaux envoient au fupplice les Eccléfiaftiques malfaiteurs fans aucune autorifation de Rome. Votre Pere Guignard fut pendu fans cette forma-lité. Rome le fait & ne s'en eft jamais plainte, parce qu'il n'y a, & qu'il ne peut y avoir aucune loi de l'Eglife qui gêne l'adminiftration de la Juftice dans chaque Etat, quand il s'agit de punir des fcélérats, quel que foit leur caractere. Un Sujet du Prince ne ceffe pas de l'être en devenant membre du Clergé, & le Chriftianifme n'a jamais borné l'autorité Souveraine.

Ces principes font connus en Portugal; & quoiqu'on n'y rejette pas, comme en France, les opinions contraires, le Pape & fes Miniftres font trop éclairés pour ne pas prévoir que fi, contre toute raifon, ils vouloient protéger les Jéfuites Portugais, malgré l'atrocité de leur forfait contre la perfonne du Roi, ils donneroient lieu à ce Prince de fecouer un joug dont il éprouveroit par lui-même les inconvé-niens, & d'ufer librement de droits im-prefcriptibles, qui font confervés en France fans préjudice de la Catholicité.

Jugez après ces réflexions s'il est à préfumer qur la Cour de Rome, dans une
caufe qui n'intéreffe en rien fes préroga-
tives ni même fes prétentions, veuille fe
prévaloir des égards de Sa Majefté Très-
Fidéle pour le Saint Pere, jufqu'à obliger
ce Monarque à laiffer impunis des Religieux
coupables d'avoir confeillé, tramé, com-
plotté & fait exécuter le parricide du 3
Septembre dernier contre fon augufte Perfonne. Jugez également s'il eft à préfumer
que les autres Princes fe rendent leurs protecteurs.

P. S. Pour payer le *Poft fcriptum* que
vous avez joint à votre Lettre, par un
autre non moins intéreffant, je vais vous
régaler, M. R. Pere, de la copie de deux
Lettres dont j'ai fait mention dans ma
Réponfe. Elles n'étoient pas deftinées pour
le Public. Mais il verra avec plaifir de quel
ton parlent vos Peres dans le fecret,
quand ils trouvent des oreilles dociles &
crédules. C'eft auffi à lui que je les adreffe,
avec les courtes réflexions que j'y joints.
J'ai l'honneur d'être, &c.

## LETTRE de . . . . . . *sur l'attentat du 3 Septembre 1758.*

Les motifs de la prétendue conjuration, qui a causé tant de troubles dans le Portugal, ont pris leur source du trop de penchant que le Roi avoit pris pour la jeune fille de cet illustre infortuné, le Duc d'Aveiro. On sait que la vertueuse Demoiselle ne pouvant pas se voir libre des sollicitations empressées du Roi, avoit été obligée d'en faire part à ses Parens; & il est très-constant que son pere, jaloux de son honneur & de la réputation de sa fille, avoit projetté de l'envoyer en France, & que le passionné Monarque ne le voulut jamais.

Il est donc très-probable que le Roi persistant dans le dessein de satisfaire sa passion amoureuse, & les Peres & Parens de la Demoiselle voyant combien il étoit à craindre qu'un ennemi si redoutable n'emportât enfin par la violence ce qu'il ne pouvoit pas gagner par ses efforts amoureux; il est probable, dis-je, qu'ils aient pensé à la conservation de l'honneur de la vertueuse Demoiselle & de leur illustre nom, en repoussant la force par la force, & se servant des derniers moyens qu'offre le désespoir dans une cause juste. Peut-être le Duc d'Aveiro a tâché d'assurer son honneur par la mort du Roi.

Et sans approfondir à présent, s'il est permis ou non, dans un cas semblable, d'en venir jusques-là; ce qui est certain, c'est que le rusé Ministre Carvalho, au milieu des troubles d'un événement si funeste, & dont les histoires ne fournissent pas beaucoup d'exemples, n'a eu en vûe que de satisfaire ses passions particulieres, & la haine implacable qu'il avoit conçue contre les Jésuites & la principale Noblesse de Portugal.

A cette fin il a tâché d'en imposer à tout le monde

par ſes Manifeſtes mal prouvés, & ſa préſomption
de droit: de ſorte qu'à vouloir l'en croire ſur ſa parole, tout le Royaume auroit été conjuré contre ſon
Roi; toute la Nobleſſe Portugaiſe auroit trempé dans
la conjuration; les Peres Jéſuites les plus ſavans,
les plus zélés, les plus exemplaires, feroient les principaux moteurs d'un ſemblable attentat, & après
tant d'années de peines eſſuyées dans le Madagaſcar &
dans toutes les Indes pour la propagation de la Foi, &
pour le ſalut de tant d'ames, feroient enfin revenus
à Lisbonne couronner tous leurs mérites par un ſi bel
exploit. Je m'étonne comment des gens ſenſés peuvent ſe perſuader une choſe ſemblable, même ſuppo-
ſant que Carvalho ſoit un Miniſtre droit & juſte.

Mais que diroient-ils, s'ils ſavoient qu'il eſt un
parfait Machiavéliſte, & qu'il ne donne que du ſien,
lorſque dans un certain papier qu'il a donné au
Public, il prétend prouver que les Jéſuites le ſont?
Ceux qui le connoiſſent plus foncierement, ſavent
que ce Miniſtre a été élevé à Londres dès ſon bas
âge, où certainement il n'aura pas ſuccé le lait le
plus pur de la Morale & de la Religion. Il y en a
d'autres qui prétendant le connoître encore mieux,
aſſurent qu'il eſt Juif tout de bon, deſcendant de
pere en fils ſans la moindre interruption; ce qui
n'eſt pas impoſſible en Portugal, quoique je ne ſuis
pas aſſez au fait pour l'atteſter.

Un fait inconteſtable, c'eſt que lorſque M. Carvalho revint de Vienne avec Madame la Comteſſe de
Thaun ſon Epouſe, comme cette Dame eſt d'une
très-illuſtre Maiſon d'Allemagne, il prétendit que
les Dames Portugaiſes devoient la traiter d'Excellence. Madame la Marquiſe de Tavora répondit que
pour la Comteſſe de Thaun, elle n'héſiteroit point
de la traiter d'Excellence; mais que comme femme
de Carvalho, elle ne vouloit pas lui donner ce titre.
Toutes les principales Dames Portugaiſes ſe ran-

gerent de fon côté, & Madame Carvalho en fut
quitte pour ne pas faire & ne pas recevoir de vifi-
tes. Mais le Mari conçut dès-lors une haine mor-
telle contre la maifon de Tavora & la Nobleffe
Portugaife. C'eft dans cette occafion qu'il cherche
à fe fatisfaire. Toujours ivre de fang & toujours
altéré, il femble ne méditer que l'entiere ruine du
Portugal & des Jéfuites.

Quel eft donc le motif pour lequel il eft fi contraire à ces Peres, lui qui au commencement étoit fi
étroitement lié avec eux ? C'eft que les peuples de
Sertaon, où fon frere fut envoyé pour Gouverneur,
ayant envoyé à Lisbonne des Commiffaires pour fe
plaindre des injuftices & des vols dudit Gouverneur, il n'y eut perfonne qui ofât en parler au Roi,
& l'informer de la vérité, que le P. Jofeph Moreira
Confeffeur du Roi. Voilà, Monfieur, en peu de
mots la caufe effentielle de ce terrible événement.
Vous en pourrez tirer toutes les conféquences qui
s'enfuivent.

*EXTRAIT d'une Lettre du P. Cavallery,
Jéfuite, Profeffeur de Théologie dans l'Uni-
verfité de Touloufe, écrite à M. Lartigue,
Eccléfiaftique du Palais Epifcopal de
Bayonne, qui lui avoit envoyé copie de la
Lettre précédente.*

*De Touloufe, le 5 Avril 1759.*

En m'envoyant ce que vous avez tranfcrit de la
Lettre de Madrid, vous avez fait une bonne œuvre.
Cela fortifiera beaucoup d'ames contriftées de voir
tant d'horreurs de la part des ennemis de la Religion. Il nous vient de toutes parts des lueurs d'efpérance d'un tems moins orageux. Les Cours de

Verfailles & de Madrid nous jugent tout autres que celles de Londres & de Lisbonne. On écrit même que le Nonce en Efpagne a reçu ordre de Sa Sainteté de témoigner à la Cour de Madrid combien on eft étonné d'apprendre que dans un Royaume fi Catholique, on débite tant de libelles fi injurieux à une Société qui a fi bien mérité de l'Eglife ; de faire favoir aux Evêques d'Efpagne que Sa Sainteté fouhaite qu'ils emploient aux fonctions évangéliques les Peres de la Compagnie, & de faire connoître à ces Peres que Sa Sainteté compatit à leur état en Portugal, mais que toute communication de ce Royaume à Rome étant fermée, Sa Sainteté ne peut pas y remédier comme elle voudroit. Après tout, l'orage n'aura pas ceffé de ce côté, qu'il grondera d'ailleurs. *Non eft fervus major Domino fuo. Si me perfecuti fuerint, & vos perfequentur.* Joan. 15, 20.

Qu'il y auroit de chofes à dire fur ces deux Lettres ! Elles fourniroient aifément matiere à un ouvrage. Mais j'aime mieux les livrer aux réflexions des Lecteurs, & ne propofer que celles qui s'offrent d'abord à mon efprit.

1°. Les Jéfuites ne doivent pas défavouer la prémiere de ces Lettres, fous prétexte qu'on n'en indique pas l'auteur. Il eft certain qu'elle a été communiquée & répandue avec zèle par leurs dévots dans les Diocèfes méridionaux du Royaume, comme reçue d'Efpagne, & comme contenant une Apologie fatisfaifante de la Société par rapport à l'attentat. On voit de plus qu'elle a été adoptée avec joie par le P. Cavallery, Jésuite des plus renommés dans sa Province.

2°. Quand on connoît les maximes des Jésuites sur le droit de calomnier ceux qui blessent leur prétendu honneur, on est autorisé à regarder comme une fiction, l'origine qu'ils attribuent ici au ressentiment du Duc d'Aveiro contre son Roi. Les circonstances seules de cette anecdote la rendent incroyable.

3°. On est également en droit de regarder comme calomnieux, les traits lancés contre le Ministre M. Carvalho. Pour connoître les principes & le talent des Jésuites en ce genre, il ne faut que lire, dans la XV<sup>e</sup>. Lettre Provinciale, l'histoire du démêlé de M. Puys, Curé de Lyon, avec le Pere Albi Jésuite, & les réflexions de M. Pascal sur l'issue de cette querelle.

4°. Dans la Lettre que les Jésuites ont fait imprimer pour justifier leurs Confreres Portugais, le Duc d'Aveiro est *un malhonnête homme, un scélérat.* Ce langage étoit nécessaire pour le Public. Dans la Lettre clandestine destinée seulement pour leurs amis, ce même Duc, quoiqu'on n'y désavoue point qu'*il a tâché de tuer son Roi,* est *un illustre infortuné,* que des sentimens d'honneur ont fait recourir aux derniers moyens qu'offre le défepoir *dans une caufe jufte*. Il eût été *un héros* felon l'expreffion du Pere Mamachi, fi fon crime avoit été heureux & que le Roi eût fuccombé fous fes coups.

5°. C'eft un problême à réfoudre *s'il a été permis ou non*, dans un cas femblable à celui où l'on fuppofe qu'étoit le Duc d'Aveiro, d'en venir jufqu'à tuer fon Roi. L'Auteur de la Lettre qui ne veut pas approfondir *à préfent* cette queftion, fe réferve par là de le faire dans un tems plus opportun. C'eft annoncer qu'il juge l'attentat légitime en pareille conjonĉure, & en toute autre équivalente fans doute. S'il avoit dû opiner pour la négative, tout tems étoit propre pour le faire, & on n'a pas befoin de recourir à de profondes recherches pour prouver qu'il n'eft jamais permis d'attenter à la vie des Rois. Qu'on juge par le doute propofé ici, fi les Jéfuites ne font pas toujours & par tout les mêmes, & s'il faut les en croire, lorfque dans des occafions critiques ils font profeffion de réprouver ces maximes monftrueufes qui intéreffent la fûreté des Souverains.

6°. On ignore quel eft l'Auteur de cette Lettre, qui qualifie le Duc d'Aveiro *d'illuftre infortuné*, qui appelle la caufe de son attentat *une cause juste* , qui met en question *s'il a été permis ou non* à ce Duc d'ôter la vie à son Souverain. Mais le P. Cavallery, qui approuve une pareille Lettre, qui dit que c'est une bonne œuvre de la transcrire & de la répandre , qui la juge propre *à fortifier les ames contris-tées* , ce P. Cavallery n'est pas un inconnu. C'est un Professeur de Théologie dans une des principales Universités du Royaume, la plus fréquentée peut - être après celle de Paris. Les jeunes Théologiens de cette Province ne sont-ils pas en de bonnes mains ?

7°. Il sied bien au Pere Cavallery , après avoir adopté une pareille Lettre , de traiter d'horreur les justes rigueurs qu'éprouvent ses Confreres Portugais , & l'humiliation qui en rejaillit sur sa Société ! Il lui sied bien de s'appliquer les prédictions de Jesus-Christ à ses Disciples ! Ceux-ci étoient des agneaux envoyés au milieu des loups. Ils ne faisoient que du bien à ceux qui leur faisoient du mal. Ils n'étoient persécutés que pour la justice, & non comme usurpateurs du bien d'autrui, ou comme homicides. *Nemo vestrûm patiatur*, disoit S. Pierre, *ut homicida , aut fur , aut alienorum appetitor. Si autem ut Christianus , non erubescat.* A quel de ces deux genres de souffrances appartiennent celles des Jéfuites Portugais & la honte qui en retombe fur leur Compagnie ?

8°. Que les Jéfuites excufent en fecret l'attentat de Lisbonne : qu'ils mettent en queftion s'il n'a pas été légitime : cela n'a rien de furprenant. Ce qui étonne, c'eft que ces Peres aient encore, même à Rome, des partifans affez aveugles pour accueillir avec joie & communiquer avec zéle une Apologie où l'on voit l'empreinte de leur doctrine régicide.

Je m'arrête..... & comme je l'ai dit d'abord, je laiffe aux Lecteurs à fuppléer les autres réflexions qui naiffent à la lecture de ces deux Lettres.

Le 25 Juillet 1759.